U0889849

大雅
为一种品格注脚

大雅诗丛

白　鹭

[圣卢西亚] 德里克·沃尔科特　著
Derek Walcott

程一身　译

广西人民出版社

献给斯特法诺斯、马泰奥、博比、万尼、采泽和格林

目　录

译序　诗歌超人的词语钻石

《白鹭》（*White Egrets*）是德里克·沃尔科特（Derek Walcott，1930—2017）2010年出版的一部诗集。凭借它，沃尔科特一举击败希尼等9人，获得2011年的艾略特奖。评委会主席安妮·史蒂文森认为“沃尔科特的《白鹭》是一部感人、具有冒险精神并且几乎无懈可击的作品”。1992年，沃尔科特获得诺贝尔文学奖靠的是长诗《奥麦罗斯》（*Omeros*），而《白鹭》却是一部感人而完美的短诗集。全书收诗54首，其中的11首为组诗，组诗内数量最多的是《在意大利》，有12首，最少的只有2首。如果将组诗内的诗独立计算的话，整部诗集共97首。这些诗大多没有题目，有题目的多为组诗，它们是《白鹭》（8首）、《金合欢树》（3首）、《西西里组曲》（11首）、《西班牙组诗》（4首）、《消失的帝国》（2首）、《帝国的幽灵》（4首）、《牧歌》、《伦敦的一个下午》（2首）、《在乡村》（4首）、《一次巨变》、《在卡普里岛》、《六十年以后》、《在阿姆斯特丹》（2首）、《四十英亩》、《喜歌：雨季》、《巴塞罗那》、《哀歌》等。

这部诗集中的所有作品均未注明创作时间，前后两首诗都没有题目。第1首写棋子，诗人把它们和士兵对应起来，“每个兵都宣过誓，每个兵都许过诺 / 愿为他的皇帝、宗族、祖国而死，/ 愿成为一枚棋子……”最后一首诗有结构全书的意思：“像你现在能认出的印刷字体，/ ……当一片云渐渐覆盖这一页，它再次 / 变白，这本书终于结束。”本书出版时，沃尔科特80岁，这可能是他的最后一部诗集。在第32首诗中，沃尔科特表示：如果才华确实已经枯竭，他会放弃诗歌，因为爱它，就不愿看到它被伤害。爱诗，就要把诗写好，在无力做到这一点时就自动向它告别，沃尔科特的这种写作态度令人肃然起敬。2014年出版的《德里克·沃尔科特诗集1948—2013》证实了这一点：该书厚达600页，精选了他历年所写的诗歌佳作，最后以《白鹭》收束，并从中选取了65首，可见他对此集的偏爱。

与写作年龄对应，《白鹭》是一部老年之诗。病痛折磨，爱的丧失与死的临近，这几乎是所有老年人的现实。沃尔科特写得尤其惊心动魄。也许是因为在他的生活中，爱与死更具张力的缘故吧。诗人就是敏感于美的人，爱与死其实是美的两个变体。所谓爱就是与美建立联系，而死则意味着自身之美以及毕生建设的美一并丧失。正如诗集第7首所写的：“死 / 愈令人惊奇，爱愈深沉，生活愈艰辛。”在一种无爱伴随的状态中面对死神，这就是沃尔科特晚年的处境：一方面是爱的丧失，难以挽回，一方面是爱的重建受阻。《西西里组曲》第3首写的是一位疯狂的老人平息内心痛苦的过程。该诗语气之强烈在沃尔科特的诗中是罕见的，“安慰我，维多里奥，让我平静，夸西莫多”，“尖叫出我的痛苦，八哥”，“让我盲目，圣卢西亚”，“你们所有人，救救他！救救他阻塞的心”。这种激情的成因在诗末揭示出来：“我虐待了她们所有人，我的三位妻子。”看来这是一首忏悔之诗，但它也暗示了爱的丧失这一主题。令诗人更加伤心的是他在爱的重建方面遭遇的失败。这触及整部诗集的核心。在《西西里组曲》的第8首中，诗人自称为“你头发斑白的萨提尔”，一个渴望情欲的老人。问题是此时诗人的“头颅白得几乎像这张纸”，这种形象使他感到加入少女

(美的化身）之中的不相称，“你太老了，不能 / 被一个如此敏捷的年轻女人动摇”，但是，“听到她赞美，你像海杏树剧烈燃烧”，晚年的处境就这样使诗人的激情演变成了一场深刻的单恋，爱的重建难以达成，最后他只好以诗歌先贤安慰自己：“这一页，被夕阳衰退的弧线触摸，/ 因同样的抱怨而叹息，十四行诗和彼特拉克。”但是这种潮水般奔涌的爱在重建受阻后仍不善罢甘休，它最终把诗人带入一种不无悲壮气息的境地：

纽约的每个人都生活在情景喜剧里。
我生活在一部拉美小说里，其中
一个长着白鹭头发的别霍因某种
看不见的悲伤，某种惊人的折磨而发抖，
并把它秘密写入编年史，直到显现在他脸上，
附加说明的皱纹证实了他的虚构
使他深感难堪。看，它只是
心灵的老故事，这颗心不愿放弃
无论是什么，怪人，堂吉诃德，这只是一个人
他绝不会伤害别人的心，即使那个头发斑白的陆军上校
在骑兵冲锋中，在一场不会使他成为一尊雕像的
战斗中突然栽下马来。这是寻常的，
单恋的地狱。看那些白鹭
在散乱的队列中吃力地走向草地，白旗帜
凄凉地拖在后面；它们是一位老人的回忆录中
褪色的遗憾，印好的诗节
显露出它们铰链式的翅膀，像完全敞开的秘密。

这是组诗《在乡村》的第2首。它分明在告诉读者，这部诗集的名字为何叫《白鹭》，因为“白鹭”（egret）与“遗憾”（regret）仅一字之差。这是一位老诗人置身于“寻常的，/单恋的地狱”中书写的回忆录的核心部分，他把自己写进一部拉美小说里，给自己命名为“别霍”，让自己长着白鹭的头发，把自己比作背运而固执的堂吉诃德，比作一个在冲锋中突然栽下马来的陆军上校。但是，几乎没有怨恨，诗人独自承担了悲伤和折磨。由此可见，沃尔科特克服了人性中的阴暗成分。这不仅成全了诗人的品格，也成就了沃尔科特的诗艺。众所周知，晚年歌德和一个17岁的少女有过一次恋爱，也是以失败告终的。伤心至极的歌德写下一首长长的《哀歌》，从此结束了他一生的恋爱生活。对晚年歌德的这种遭遇，人们大多抱同情的态度。而沃尔科特晚年的恋爱却在竞争牛津大学诗歌教授的过程中成了被攻击的把柄，为此，沃尔科特决定退出竞选，而获选者露丝·帕德尔（达尔文的玄外孙女）也因此被质疑，在9天后被迫辞职。

爱的重建已不可能，死的来临却不可避免。组诗《白鹭》的第6首是诗人间接处理死亡的作品。圣诞节期间，昔日的好友久未露面，他们已不在尘世，却在诗人的追忆中返回。此时，这位追忆者也面临着和朋友们相同的结局：

> ……有些朋友，我已所剩不多，
> 即将辞世，而这些白鹭在雨中漫步
> 似乎死亡对它们毫无影响，或者它们像
> 突然降临的天使升起，飞行，然后又落下。

白鹭，一种极美的动物，在此充当了天使的角色，它相当于剩存者的记忆，相当于诗人写下的诗篇，持续对抗着死神，“似乎死亡对它们毫无影响”。至于直接面对死亡的作品，最令我震动的莫过于《在阿姆斯特丹》第 1 首：

游船在褐色的运河上持续滑行
像祈祷一样安静，树叶充满平静，
简洁的房子门脸，重复而乏味
像酒店的小册子，像祭坛画一样寂静。
我和鲁弗斯·柯林斯曾游览此地，一只白色的金刚鹦鹉
站在他的人造肩上。鲁弗斯已不在人世。
运河散布倒影，河心如此宁静。
我静静地沉思我还能活多久。
我想让 2009 年随光线变换角度
就像荷兰腹地或维米尔画的小巷，
接受我的敌人的乖戾的怨恨，
在可能是我的最后一年里画好画写好诗。

乘船游览运河时，诗人想起一个已经去世的朋友，并“静静地沉思我还能活多久”，这种平静的语调令我吃惊。它表明死亡已经被诗人接受，它不再构成任何焦虑。此时，诗人把 2009 年——应是此诗的写作时间——当成自己在世的最后一年，画画写诗，踏着自己创作的艺术作品，静静地步入死亡的国度，深信他留下的作品几乎不受死亡的影响。

除了书写晚年现实的作品之外，《白鹭》中值得注意的两类题材是绘画诗和旅行诗。唐代大诗人王维晚年写了一句诗：“宿世谬词客，前身应画师。”（《偶然作》）感慨自己这一辈子做个

诗人是错误的，他更乐于当个画家。因而在接下来的诗句中，他把写诗看成“余习”，其“正业”就是绘画了。和王维一样，德里克·沃尔科特也是一位徘徊在诗人与画家之间的艺术家。值得注意的是，他的父亲沃里克·沃尔科特就是一位水彩画家，也是一位诗人。尽管父亲早逝，但绘画与写诗这两种才能却被德里克·沃尔科特神奇地继承下来。《白鹭》中写到的画家极多，其中有两首诗《在画室》和《我走出画室》直接写到了他的绘画创作，诗中流露出他对绘画的雄心和失望。由于相关资料的缺乏，我至今尚未看到他的画作。无论德里克·沃尔科特作为画家的成就如何，至少有一点是可以肯定的：他已经把画家的笔墨转移到了诗歌创作当中，成就了他的绘画诗，其特点是客观、精确、繁复、清澈。

黄昏时分，白色游艇的船身穿越小船坞的
橙色水面，而在它们的船首斜桅下面，锁链
在被污染的大海里低声轻笑；尽力达到那里
在一道绿光从桅杆闪烁之前，前甲板
强光闪耀，当黄昏和船的桅顶横桁、
绳索以及丁香般的铅色天空悬浮在一起，
和它被阳光触摸的泡沫云的陶质啤酒杯悬浮在一起，
当星星显现目睹夜晚消亡。
在这个橙色的时刻，光读起来像但丁，
三行一节，它们对称的张力，
从《天堂篇》漾出的安静节拍
像一条无篷小船用它的桨划出
韵律稀疏的诗行，我们，如此

着迷，几乎不能说话。此刻
比任何人都幸福的是那个饮酒的人
他和他终生的伴侣坐在眨眼的星星
和码头的尽头那盏稳定的弧光灯下面。

《码头之夜》这首绘画诗我极喜欢，也很能体现沃尔科特的诗风：物的高密度融合。在黄昏这个趋向安静的时刻里，游艇、船坞、水面、天空完全是一体的。对游艇又具体写到锁链、桅杆、前甲板、桅杆横桁、绳索等。诗中所用的词语是“悬浮在一起”，这个短语连续出现了两次，诗人意在用它表达万物在水中的汇合，一种幻觉般的真实。同时，沃尔科特动用画家的眼光，写出了物的色彩：白色游艇，橙色水面，绿光，铅色天空。这无疑是色彩的汇集。值得注意的还有声音：锁链在大海中晃动时发出的声音被比拟成“低声轻笑”，涟漪被比作“稀拉韵律的诗行”。显然，这两种声音是对安静的强化。接下来的一句，“我们，如此 / 着迷，几乎不能说话”写的显然已不是黄昏的安静，而是无言的赞美。而且，它表明此时诗人和他的朋友就坐在船上，坐在水天汇合的黄昏里。但诗人敏锐地察觉到此刻最幸福的并不是“我们”，而是一个在码头尽头饮酒的人：眨眼的星星，稳定的弧光灯，以及诗人都成了他幸福的见证。他的幸福不仅在于一天的劳作之后有酒可饮，更在于他是和一个终生的同伴共饮。至此，前面对码头和黄昏的无言赞美分明转向了对友谊的赞美，可以说，对码头、黄昏的赞美只是一种表象，其潜在核心正是友谊；当然，也可以把诗中对码头、黄昏的赞美视为真相，这种赞美可以被对友谊的赞美所分享。友谊是《白鹭》的基本主题之一，但这首诗的动人程度显然超过了诗集中其他书写友谊主题的作品：诗句的转换异常突然，而且耐人寻味。

沃尔科特酷爱旅行，《白鹭》中的很多诗都和旅行有关，如《西西里组曲》《西班牙组诗》《伦敦的一个下午》《在卡普里岛》《在卡森巴斯》《在阿姆斯特丹》《在荷兰》《巴塞罗那》等，《在意大利》是其中规模最大的一组诗，共 12 首。其原因也许只有一个：意大利是沃尔科特特别喜欢的地方。因此在组诗的第 4 首中，他感叹“我来意大利 / 太晚了”，正是这个地方唤醒了他重新生活的意志，让他觉得余生仍然可以期待“新的可能”。沃尔科特的旅行其实是从空间进入历史，从身体进入心灵。就此而言，沃尔科特的旅行其实是一种更新自我的方式。沃尔科特晚年有强烈的悔罪意识，似乎越是美丽的地方越能唤起他的罪感，“山顶塔楼的钟声历数我的过失”，奇特的是，也只有这些美丽的地方可以暂时平息他的罪感。沃尔科特的罪感当然有他个人经历的原因，而且这种罪感主要关系到两性之爱的分裂与背叛。换句话说，沃尔科特的罪感是爱的极端变体，是爱的癌变。当由异性造成的痛苦已无法由异性治愈时，像意大利这样美丽的地方便成了治愈他痛苦的一剂偏方。从组诗第 6 首来看，沃尔科特分明是个期待宽恕的人，“等待塔楼的钟声宽恕你的罪行”。此时他把自己比作“回家的船上卷起的帆”，“卷起的帆”已经无用了，但它仍然期待“回家”，如果不能回到生活的平静，那就回到死亡的平静。

毫不掩饰地说，沃尔科特是近年诺贝尔文学奖诗人中我最钦佩的一个。因为他善于把最日常的生活转化成高度完美的艺术作品，每件作品都充满了异常复杂的技术，这种技术不是为了单纯地增加写作的难度，而是为了使同等复杂的现实呈现出一种水晶般透明的质地。写寻常的现实，用晓畅的语言、复杂的技术，达成精确清晰的效果，沃尔科特几乎是个诗歌超人（诗集第23首中有一句“什么，你在七十七岁时会成为超人?”）。我私下里把沃尔科特视为最接近里尔克的诗人，“物诗”的继承人，其特色是融思入物，在精雕细刻中呈现出宏大气象。可以说，沃尔科特的每首诗都是一颗精致而天然的词语钻石，它们结构复杂，棱角鲜明，光芒四射，色彩缤纷。如诗集的第3首可以视为一首写人的绘画诗：

强壮的汉子转动鳕鱼桶
举起米袋子，他们有蹩脚的绰号，
他们能，单手，举起惊人的线缆盘，
双臂举起摇晃的镀锌板
把它固定在支架中，这时吊钩和摇柄
在附近摆动。午饭时他们在绳索捆绑的
如山的货车的影子里吃东西，
不理睬海鸥啄食他们卵石般的面包。
随后有人会受重伤，有人失去一条腿
陷入朗姆酒和糖尿病。你会看到他缩
进他的绰号，并非太高傲而不屑于乞求，
喝醉时他会像一辆加速的卡车那样怒吼。

前6行写搬运工群体，突出他们巨大的力量。在摇摆的吊钩和摇柄间工作，这意味着人与机器的耐力竞赛。在如山的货车的影子里吃东西，这个细节极具雕塑感，此刻，他们似乎是渺小的，而如山的货车又是被绳索捆绑着的，捆绑是由他们完成的，拆卸也需要他们完成，已经完成的劳动与即将来临的劳动被压缩在劳动的间隙里；后四行写搬运工个体，一个身体残缺、精神高傲的工人，“像一辆加速的卡车那样怒吼”，这种自我救治的痛苦仍显得那么力量惊人，令人敬畏。《白鹭》，沃尔科特的终结之作，同样具有令人敬畏的高度。

一　棋子[①]

棋子在它们的棋盘上坚硬
如那些真人大小的兵马俑，他们
手握缰绳、盾牌和宝剑对皇帝的誓言
被已经喊哑的嗓子齐声呼出；
那惊人的发掘现场没有回声。
每个兵都宣过誓，每个兵都许过诺
愿为他的皇帝、宗族、祖国而死，
愿成为一枚棋子，屏息挺立
在阴影或交错的阳光里，不计时日——
一个个泥制陶俑，无气味地严整。
如果誓言看得见它们或许会看见我们的
像不变的棋子摆在户外草坪上
变幻的阳光里，旗帜般的浪花在那里翻涌
棕榈叶随音乐摇晃，那是在棋子的寂静上
时间的韵律。移动带来损失。
一只深褐色的黑鹂在酸橙树里吱吱鸣叫。

---

① 题目为译者所拟。以下诗歌除标注为原诗所有外，均为译者所拟，不再一一说明。

二　两只猫

你的两只猫蹲着，有纹章的斯芬克斯，流露出那种
沙漠般的淡漠，那种“你以为你是谁啊”的平静，
它们站起身，悠闲地迈开大步，离开你的触摸，
只是等你。为了被一只胳膊轻抱，
肚腹上翻，为了被一把刷子轻抚
从它们的软毛里拖出芒刺，双眼眯缝
陷入迷醉。一月的太阳涂抹它的香膏
在大地上翻的腹部上，影子总是塑出
它们形状，一再塑出它们。浪花扩散迎迓。
接受它。看浪花会如何迸裂
像一只猫爬上一面墙，
抓牢，滑下，放弃；看开始时，它的爪子
如何钩着，然后飞快地滑落
变成花边滚动的泡沫。就是这颗心，在回家，
试图抓牢它远离的一切，
盐腌的事物如何只增加它的干渴。

三　搬运工

这是我早期的战争，时值正午，
搬运货物的男人怒吼着争吵，
在尚未动手的纷乱咒骂声里
海鸥尖叫着它们单调的元音；
强壮的汉子转动鳕鱼桶
举起米袋子，他们有蹩脚的绰号，
他们能，单手，举起惊人的线缆盘，
双臂举起摇晃的镀锌板
把它固定在支架中，这时吊钩和摇柄
在附近摆动。午饭时他们在绳索捆绑的
如山的货车的影子里吃东西，
不理睬海鸥啄食他们卵石般的面包。
随后有人会受重伤，有人失去一条腿
陷入朗姆酒和糖尿病。你会看到他缩
进他的绰号，并非太高傲而不屑于乞求，
喝醉时他会像一辆加速的卡车那样怒吼。

四　白鹭[①]

1

细察时间的光，看它经过多久
让清晨的影子拉长在草地上
让潜行的白鹭扭动它们的喙与颈
当你，不是它们，或你和它们，已消失；
因为嘈杂的鹦鹉在日出时发动它们的舰队
因为四月点燃非洲的紫罗兰
在这个鼓声隆隆的世界里它让你疲惫的眼睛突然潮湿
在两个模糊的晶状体后面，日升，日落，
糖尿病在静静地肆虐。
接受这一切，用相称的句子，
用镶嵌每个诗节的雕塑般的结构；
学习明亮的草地如何不设防御
应对白鹭尖利的提问和夜的回答。

---

① 题目（*White Egrets*）为原诗所有。

2

这些浑身洁白、鸟喙橙黄的白鹭多么优雅，
每只都像一个潜行的水罐，茂密的橄榄林，
雪松抚慰着在雨季里猛烈咆哮的
一条溪流；进入那种平静
超越欲望摆脱悔恨，
或许最终我会到达这里，
棕榈叶在阳光下像轿子一样低垂
伴着下面虎纹般的影子。它们还会
在那里，在我的影子连同它所有的罪孽
逐渐进入遗忘的绿色丛林以后，
连同一百个太阳在圣克鲁斯山谷上空的
升起与降落，那时我爱得多么徒劳。

3

我看着那些巨树在草地边缘摇晃
像没有浪峰的大海起伏，竹林像被绳子
套住的马突然垂下它们的脖子，黄叶
从振荡的树枝被撕下来，变成一场雪崩；
这一切都发生在骇人的暴雨骤降之前，
天空那湿透的帆布像一次绝望的航行
狂风大作，完全笼罩了山峦
似乎整个山谷成了安然度过风暴的一条船
树林不再是树，而是奔腾的海浪。
当闪电炸裂，雷声吱嘎作响如同诅咒
而你是安全的，躲在圣克鲁斯深处的
一间黑屋里，随着电光熄灭，当前突然消失，
你暗想："谁会为颤抖的鹰、完美的白鹭
和云色的苍鹭，还有看到黎明虚假的火焰
就恐慌的鹦鹉提供住房呢?"

4

这些鸟一直为奥杜邦[1]充当模特，
我年轻时，一本书里的雪鹭
或大白鹭会像翠绿的圣克鲁斯草地
一样显现，深知它们看上去多么美好，
昂首阔步的完美。它们点缀着岛屿
在河畔，在红树林沼泽或牧牛场，
在池塘上滑翔，然后在小母牛光洁的
脊背上保持平衡，或在飓风天气里
逃离灾难，并用它们紧张的戳击
啄出记号，似乎研究它们是完全的荣耀
在神话般的幻想中
它们扑扇着翅膀从埃及飞越大海
伴随着法老的朱鹭，它橙色的喙和爪
呈现的轮廓安静地装饰着墓穴，
随后它们展翅起飞，扑扇得越来越快，
它们扑扇翅膀时就像六翼天使。

① 奥杜邦（Audubon，1785—1851），美国鸟类学家、画家及博物学家，著有《美洲鸟类》等。

5

那永恒的理想是惊奇。
凉爽的绿草地，安静的树，那边山丘上的
丛林，接着，一只白鹭的白色喘息
飞入这个画面，然后用它笨拙的步子
摇摇晃晃地停下，站直，一枚白鹭徽章！
另一种思想的惊奇：一只鹰站在
树枝的弯处，悄无声息，像一只猎鹰，
突然冲上天空，在赞美或责备之上盘旋，
带着那种和你相同的极度冷漠，
此刻它落下来，用爪子撕扯一只田鼠。
草地的页面和这公开的页面是相同的，
一只白鹭使这页面惊奇，那只兴奋的鹰
对着死物尖叫，一种纯粹是虐待的爱。

6

圣诞周过了一半，我还不曾看见它们，
那些白鹭，没有人告诉我它们为什么消失了，
但此刻它们随这场雨返回，橙黄的喙，
粉红的腿，尖尖的头，回到草地上
过去它们常常在这里沐浴圣克鲁斯山谷
清澈无尽的雨丝，下雨时，雨珠匀速落在
雪松上，直到它使旷野一片模糊。
这些白鹭拥有瀑布的颜色，云的
颜色。有些朋友，我已所剩不多，
即将辞世，而这些白鹭在雨中漫步
似乎死亡对它们毫无影响，或者它们像
突然降临的天使升起，飞行，然后又落下。
有时那些山峦就像朋友一样
自行缓缓消失了，而我高兴的是
此刻他们又回来了，像怀念，像祈祷。

7

伴着一片正落入林中的叶子的悠闲
浅黄对着碧绿旋转——我的结局。
不久将是旱季，群山会呈现锈色，
白鹭上下扭动它们的脖子，弯曲起伏，
在雨后捕食虫子和蛴螬；
有时直立如保龄球瓶，它们站着
像从高山剥落的棉絮条；
随后当它们缓缓移动时，它们移动这只手
用双脚张开的趾，用前倾的脖子。
我们共有一种本能：贪婪喂养
我钢笔的鸟嘴，叼起扭动的昆虫
像叼起名词并把它们咽下去，钢笔尖在阅读
当它书写时，愤怒地甩掉它的鸟嘴拒绝的。
选择是白鹭教导的要义
在开阔的草地上，当它们专心安静阅读时
头不断点着，一种难以言传的语言。

8

我们在圣克洛伊岛一个朋友家的游泳池边
约瑟夫[1]和我正在交谈；他忽然停下谈话，
我本希望他会享受这次访问，
喘了口气，指出使他震动的一幕
并非静止或潜行而是固定在那棵大果树里
“就像博斯[2]的某件画作。”他说。那只大鸟
突然出现在那里，或许是同一只鸟把他带走，
一只忧郁的白鹭或苍鹭；说不出的话总是
伴随着我们，像欧迈俄斯，第三个同伴
而捕获他的，他爱雪，把它带来的
是那只鸟，泛着那样一种幽灵似的白。
如今每当正午或傍晚，在草地上
白鹭们结伴静静地向高处飞翔，
或者像赛船那样航向海绿色的草地，
它们是天使般美丽的灵魂，像约瑟夫一样。

① 约瑟夫·布罗茨基（Joseph Brodsky，1940—1996），苏裔美籍诗人，1987年获诺贝尔文学奖。
② 博斯（Bosch，1450—1516），荷兰画家。

五　金合欢树[1]

1

过去你能驱车（尽管我不能）穿过
房子下成片水塘的宽阔牧场
来到炎热而空旷的沙滩，把车停在金合欢树
饥饿的影子里，树影印染那些小黄花
(没有脚印的空白沙滩是我道路的一部分)；
随后出现携带卷尺和经纬仪的人，在测量
荒芜不平的地面。我观望在劫难逃的土地
另一个豪华宾馆将在此建立
普通人禁止入内。我们历史的
新制造商毫无内疚地盈利
事实上，他们是政策的倡导者
这将会使该岛成为一个商城，而浪花
笑得露齿像侍者，像出租车司机，这些新殖民地
位于海边；一种没有锁链，不流鲜血的奴役——
只是钢丝网眼栅栏和指示牌，这新的堕落。
在金合欢树下写作我感到如此自由。

---

① 题目（*The Acacia Trees*）为原诗所有。

2

老板，如果仔细观察那些丛林，你会发现
一整套护照，钱包，身份证，信用卡，
这对他们毫无用处，他们心里只有钱
但并非每次你会事后发现它们。
你只是把装着这些东西的包放在沙滩上，
比风还快，他们跳出灌木丛
而这时你在那游泳，涂抹美黑露，
当你发现告知特种服务部队
已经没用，他们已到达马萨德。
但我不在其中，不是我，我确实
挣了一点零钱，出售并吹奏海螺壳，这可悲
但真实。他们快于任何车辆，
而我本人从不参与任何骚乱
除非与波浪一起，不久所有这些将会消失。
是观光客太多活儿却太少。
这里点点滴滴的生活怎么样？谢谢，但是老板，
不要让我说的话败坏了你的兴致。

3

你看这些浪花一次次涌向鸽子岛
像成排的修女弯着腰？我确信一件事，
当你像我的其他朋友那样离去时，不是去泰国
或俄罗斯，但无论在哪里都是亲爱的朋友
带着不同的信念前行，他们像一群
海鸥飞离镜子般的沙地，
或一只麻鸦孤单地飞过牛肉桶①，
或一只白鹭离开岩石展翅起飞；
我从另一条路来到同一个大海
带着毒番石榴的影子和被风吹小、发育不良的
海葡萄。我带着要读的书：
风是明亮的，影子跃动如悲伤，
我打开他们的书，看见他们遥远的身影
临近并不断抵达，他们的嗓音被书页
中的一朵云听到，像我头脑里柔软的涛声。

① 牛肉桶（Barrel of Beef），地名，位于圣卢西亚的莱伯劳特湾北部。

六　月亮的号角

——献给奥古斯特·威尔逊[①]

奥古斯特，弦月如同号角悬挂
在莫恩山砖砌的兵营上方
营房里持续亮着邮票大小
暗淡的光；云朵的信被撕碎，
你美妙的乐器被收起就像
你的银短号躺在天鹅绒盒子里
连同所有那些乐节和咏叹调，它们的角色争论
像风舞动金合欢树
直到它们与急流的咆哮声搏斗，
锯齿状的黑色影子准备着
与巨大的手和眼与即将到来的那一天战斗
在匹兹堡与西雅图的水泥森林中，
在作为他们自身战斗的呐喊和颂歌的戏剧里。
我摘下那枚弦月，吹奏他们的赞歌，

① 奥古斯特·威尔逊（August Wilson，1945—2005），美国剧作家，著有《匹兹堡时代》，曾两次获普利策戏剧奖。诗中的 August 意译为“八月”，音译为“奥古斯特”，此诗就是献给他的。正标题为译者所拟。

你，贺拉斯·皮平，罗米尔，雅各布·劳伦斯[①]
我在那里看见月亮的号角，就想起他们。

① 贺拉斯·皮平（Horace Pippin，1888—1946），自学成才的美国黑人画家；罗米尔（Romare，1911—1988），美国黑人画家，作家；雅各布·劳伦斯（Jacob Lawrence，1917—2000），美国画家。

七　朋友之死

——献给奥利弗·杰克曼[①]

那是别人做的事，不是我们，死，甚至最亲近的人
在一个虚荣、荣耀的清晨，像那首歌所唱的，
荣耀和所有其余的黄色或金色棕榈叶
闪烁的光辉，死去。他们在练习卡里普索[②]，
他们把帐篷搭起又拆掉，在萨凡纳附近
小贩们在削椰子的头，男人们
靠着独木舟，然后跳入，今夜在莫恩·可可[③]上的
同一个地方，一轮月亮即将升起，随后
充溢的悲伤将会打击我，我的心将会摇荡
如一匹马的头或一片震颤的竹林
即使你能成为不断增长的损失的一部分
那旋转着的影子的日晷。尽管
爱潜藏在它下面，死
愈令人惊奇，爱愈深沉，生活愈艰辛。

---

① 正标题为译者所拟。奥利弗·杰克曼（Oliver Jackman），巴巴多斯（东加勒比海岛国，西与圣卢西亚隔水相望）律师、小说家。

② 卡里普索（calypso），特里尼达岛上土人演唱的即兴歌曲。

③ 莫恩·可可（Morne Coco），山名，位于海地。

痛苦结束了，羽毛合上你的眼睑，奥利弗。
多么幸福的朋友，多么美好的妻子！
你的死就像我们的友谊重新开始。

八　西西里组曲[1]

1

像一只黑鹂，从阳光中跃出
飞入光线微暗的画室，撞到玻璃，
拍着翅膀向前飞又撞上玻璃砰然落地，
似乎它在寻找一个笼子安静下来
就像我的心在可怜地寻找一个出口
逃离它自己，想起帕韦泽[2]的那些日子，
想起离开你的一次飞行（谁会想到你的影子
竟变得如此坚固?），我肯定会
像那只受困的鸟不断撞向你前额的墙壁，
直到你让我从你的双手张开的括号中起飞
飞过你的凝视这扇窗户
经过鸽子岛飞往伊索拉[3]（飞往神圣的西西里）。

---

① 题目（*Sicilian Suite*）为原诗所有。
② 帕韦泽（Pavese，1908—1950），意大利诗人、小说家、批评家和翻译家。
③ 伊索拉（Isola），意大利的一个市镇。

2

我心头萦绕着粉红色夹竹桃的护篱
沿着西西里的道路，它们砾石铺成的辅音字母
被压在轮胎下面，萦绕着石桩，萦绕着围墙
它们觉得没有必要旅行
这么远，去认识我已经熟悉的事物，
如今它增长了，除了那个古怪而残破的城堡
透过它的门凝视一种加勒比海的蓝，
还有奥提伽[1]这个名字在它脆弱的平衡里
鸣响如水晶。在松树
银桤木和橄榄树的沙沙声里，差异开始呈现，
声音需要翻译。大海是相同的
除了它的历史。这个岛是我们守护神的
出生地。它们共享同一个名字：
卢西亚。炎热具有岛屿下午
那种相同的清白气息，但有差异，
就像夹竹桃的表情和橄榄树的绿色火焰。

---

① 奥提伽（Ortigia），西西里岛东南部城市锡拉库萨的一个岛屿。

3

安慰我，维多里奥[①]，让我平静，夸西莫多[②]，
用你紧握的手、柏树和名人街上经过修剪的
橙色夹竹桃的音节为我祝福。
尖叫出我的痛苦，八哥，从面向撒拉逊
海岸的石筑阳台，让我盲目，圣卢西亚，
岛屿和眼睛的守护神，为我匮乏的视力！
她最小的手势里重复着一个预言
向一位疯狂的老人，他酷爱阴郁的农牧神[③]
即使在干渴中仍啃噬他的心。
你们所有人，救救他！救救他阻塞的心
它像一棵刻满祷文的树，像那些八哥
从帕塞戈欧·阿多诺酒店装着木栅栏的窗户里
重复它们的赞美诗，发誓有一个新的开始
当他看到那些暂居者将腰弯向鸭塘
那是水神[④]的喷泉，明天，明天。
所有这些人和他们幸运的生活。

① 维多里奥（Vittorio，1902—1974），意大利作家、导演、演员。

② 夸西莫多（Quasimodo，1901—1968），意大利诗人，1959年获得诺贝尔文学奖。

③ 农牧神（faun），罗马神话中的半人半羊神，对应于希腊神话中的萨提尔，是森林之神，性好女色，放纵情欲。

④ 水神（Arethusa），在希腊神话中，她是海神涅柔斯的女儿，后变成西西里奥提伽岛上的一个喷泉。

我知道我已经做了什么，我不能看得更远。

我虐待了她们所有人，我的三位妻子[①]。

① 三位妻子分别是费伊·莫里斯顿（Faye Moyston）、玛格丽特·梅拉德（Margaret Maillard）和诺兰·梅蒂维埃（Norline Metivier）。参见《德里克·沃尔科特年表》。

4

钟声的祝福飘洒在大教堂的台阶上
就像水毫不察觉地把灼热的大街淋湿，
你不在太阳下这一小撮人中，
那么多人穿着黑衣不顾西西里岛的炎热。
我从不曾进入阴影中的那座教堂，一排排条凳
对着折磨人的圣餐桌，但我希望找到你：
哦，我找到了，半心半意，但如今毫无用处。
钟声意味着虚无或它们惊起的燕子；
我仍然感觉你在前面我就在你后面，
你会停在自身的影子里，并转过头，
在西西里变成盐柱[①]，变成虚构。
我不知道大教堂的名字。它位于锡拉库萨[②]。
我买了一张报纸，印着我不能读懂的一种文字。
报纸对此未做任何报道。它不是新闻。

---

① 盐柱：据《圣经》，在逃离所多玛的途中，罗得的妻子违背了天使“不可回头看”的警告，变成一根盐柱。

② 锡拉库萨（Syracuse），又译叙拉古，意大利城市名，位于西西里岛。

5

我们从不知道记忆会做什么——
我的身体忙于那么多兴奋的事，
我觉得我的心跳已长出翅膀，飞
向锡拉库萨，你的港口，它的飞行意味着
返回西西里和它阳光照耀的所有过失
在那里一艘希腊油轮抛锚在蓝色海洋中；
我影子似的背叛，我圆柱状的耐心
穿过楼座，奔向面对撒拉逊湾的
音乐演奏台那激情迸发的场地。
半透明的幽灵，没有阴影的演奏
黑人演员的剪影，花瓶上的身段，
他们的争吵陷入一个椭圆，而她在那些
狂热的日子里做的事仍在敲打我的脸
像一根受惊的树枝或鸽子或别的鸟。
我记忆的鼻孔被这些气味刺痛，它们
来自烧焦的混凝土，或沥青，词语的嗅觉
像岩滩里的海藻一样干枯，对着像心
一样打开的门铰链。海鸥飞起来
像尖叫的流言经过酒店的窗口
一股隆起的波浪解开她洁白的紧身胸衣。

6

事实上从不存在“我们”或“我们的”；
无论每个人喜欢什么都是个别的：
飘忽的毛毛雨，倾斜箭头状的阵雨
落在灼热的路上，屋顶上，使他们欣喜，
却带着彼此各异的欢乐——
闪闪发光的下午的那种柔情
当海湾的碗里盛满闪闪发光的金币，
或一条洁白的路被满月铺满，
同样的快乐将他们区分又未经
转换地联结，但接近幸福的是
偶然的狂风使树叶们
无异议地赞成一个绿色的同意，
却造成它们生活的黑色的分歧。
在月光照耀的夜晚，云朵泛着祭台的白光；
他是他自己希望的顽固的
牺牲品，像萤火虫，它们的光
如同虚假的星星，随着破晓，变淡。

7

根本不存在“绯闻”，那都是片面之词。
蝙蝠擦过树梢然后像飞镖一样从松树
向前抛出。午餐时一个看不见的幽灵管理
葡萄酒和色拉，此时，波状起伏的
风琴一阵阵地向萨拉逊湾啜泣
那里点缀着海鸥的羽毛或行驶的游艇，
然而平衡和完美毫无意义。
我独自坐在户外的桌边
一群喋喋不休的姑娘走过，早熟的塞壬[①]们
像吹笛人一样避免突然想到石头。
翠绿色鸭子划向水面，将它们的嘴
插入对阿瑞图萨[②]来说神圣的阴凉黑暗的泉水。
我疑惑在缓缓移动的太阳下我将失去她这件事
如何被渡船的喇叭、松树、海湾蔚蓝的
群山和嘲弄尖叫的少女们疯传
还是一架手风琴曲折的呜咽和呻吟
穿过锡拉库萨蜿蜒盘旋的条条小径。

---

① 塞壬（Siren），希腊神话中的海妖，人面鸟身，用美妙歌声诱惑航海者，使船触礁沉没。

② 阿瑞图萨（Arethusa），古希腊神话里一位住在山林里的仙女，因不愿意接受河神（Alpheus）的追求而逃跑，月神（Artemis）怜悯其处境，又感于情况的急迫，遂助她化为泉水，以摆脱河神的纠缠。

8

尽管如此，为什么你从不提起老年，
你头发斑白的萨提尔[①]，留着竖立的海胆状胡须，
头颅白得几乎像这张纸，
像从被诅咒的橄胶树[②]上摇落的白色雪松花，
这该死的雪松，像你笔下的元音字母？为什么？
我会告诉你它们想什么：你太老了，不能
被一个如此敏捷的年轻女人动摇，也不需要她
尽管你有瘢痕性的躯干和颤抖的手，
一想到她，你的头颅就像三月里的雪松
沙沙作响，听到她赞美，你像海杏树剧烈燃烧，
螃蟹涂写着你的字母，然后将它们覆盖，
当然她永远不会理解。
他人的爱是多么乏味，不是吗，读者？
这一页，被夕阳衰退的弧线触摸，
因同样的抱怨而叹息，十四行诗和彼特拉克[③]。

① 萨提尔（Satyr），希腊神话中的神，现指好色而行为粗俗的男人。
② 被诅咒的（maudit）、橄胶树（gommier），原文均为法语。
③ 彼特拉克（Petrarch，1304—1374），意大利诗人，被誉为“诗圣”，以十四行诗著称于世。

9

如果所有这种激情与它的对象不相称会怎样?
一位平常的美人，被智力的狂怒放大到
神圣的、恶魔的高度，
一位脸面平坦的姑娘，长着斜眼和细腰，
她嗓音里有乡村轻快的调子，
她应该影响你的日子直到深入骨髓
直到憎恨普通的光和它简单的快乐?
这种病来自何处，因为它是
病，这种最简单的动作转换成
一种折磨，这种对他人的简单
快乐的憎恨，对无人公园里长椅的憎恨?
只有她的受苦才会给你带来满足，
暗淡世界里的老人，唯一的快乐是
没有狗吠的受伤的大街里的阴影和寂静。
我看着它们累积我的过失
像大海退潮时的波浪稳定地
重叠在一起，那座高露台上的影子
投向锡拉库萨；咖啡馆在黑暗中闪光。

10

为什么每次旅行她都走在前面，有时
在路边等待，有时在
一棵开花的树下面，坐在一根排水管上，倔强地
穿着同样的连衣裙，像萦绕高山的雷声一样
时近时远？看到那棵雪松下面
阳光的衬边了么？她到了那里！看雷卡纳蒂[1]
上的树篱如何像一行诗那样剧烈燃烧，
看棕榈树或松树如何装饰它们的边缘
她就在它们上方的黄昏里等待，并未举手
致意，她的凝视看透你。
她怎么知道我要去的地方，如此平静
在她未被注意的耐心里，她赤褐色的
刘海卡着，当她的身影退
向我们不可避免的相遇？她可以事先
烧焦我的记忆，因此她领到哪我就跟到哪。

---

① 雷卡纳蒂（Recanati），意大利港口城市，诗人莱奥帕尔迪的出生地。

11

于是蛾子们飞来，回应我爱人的
葬礼邀请，我害死了她
用我刻薄的妒忌，我平庸的爱之恨，
我可怜的耐心，我无能的焦躁，
我的迷恋或无论它被叫作什么；
毛虫们的送葬行列衣着太华丽，给如此
庄重的场合增加了一些喜庆
照常扇动翅膀的无忧无虑的蝴蝶，它们从不
把任何死亡看得那么认真，随后，
一个穿着双排扣长礼服戴着小礼帽的过时的黑鸟
代表某个部，无疑很文化，
后面是个我不认识的白种人，某个另类[①]，
再后面是那个习惯屈尊而常见的贪婪人
他把名片塞给我。他们都认识她，
随后是耐心的蠕虫代表团。所有人都同情
但也希望，像我一样，我不再需要她，
所有人都知道她的美已得到多少珍视。

① 另类（l'autre boug），原文为法语。

九　西班牙组诗[①]

1

马蹄在血迹斑斑的大地上的沉重缓行。
小溪在漂白的石头上的哗哗流淌。
恣意践踏栓皮栎斗篷似的阴影的黑公牛，
在高高的麦地里低语的风仿佛西西里岛
或塞万提斯[②]前几页书里的拍岸浪花。
站在亚卡拉钟楼上的两只鹳。
令人厌倦的爱的那种乏味折磨。
尽管你改变了名字和国家，西班牙，意大利，
嗅嗅你的手，它们散发出想象的罪过的气味。
柏树静默地扭动躯体，而橡树，有时，
使它们叶状的里拉琴沙沙作响。

---

① 题目（*Spanish Series*）为原诗所有。

② 塞万提斯（Cervantes，1547—1616），西班牙小说家、戏剧家、诗人。《堂吉诃德》为其名著。

2

一列火车在一个句子里穿越烧焦的平原。
在软木小丛林里，影子和它们的本源押韵。
只有安达卢西亚[①]这个名字才会
使马群和奔马的火车窗口有意义。
西班牙的回声和拱门，平原[②]这个词
是你从意大利和它向日葵的田野走私的；
安娜（Anna）或安娅（Anya）的“n”上在这里有波浪线吗？
在短暂的阵雨中，彩虹点染灼热的广场，
影子暂停在他们斗牛时舞动斗篷的手势里，华丽的楼座已
　生锈，
照着橄榄油的阳光在茶碟间缓缓扩散，
难以打破的爱有一个神圣的硬壳。
埃斯佩兰萨[③]，珍爱的埃斯佩兰萨！
你的眼睫毛像黑蛾子，像嫩枝你脆弱的手腕，
你讥诮的小嘴拒不回答，
当它笑起来，就像洛尔迦[④]谣曲中的
一个温柔诗节，你的牙齿是河底的

---

① 安达卢西亚（Andalusia），西班牙的一个自治区，盛产橄榄油；安达卢西亚马是世界最优秀的马种之一。

② 平原（campagna），意大利语，指坎帕尼亚大区，引申为罗马城四周的平原。

③ 埃斯佩兰萨（Esperanza），西班牙语，意思是“希望”。

④ 洛尔迦（Lorca，1898—1936），西班牙大诗人。

洁白石子，我听见科尔多瓦的种马
在发情时打响鼻，我听见我骨头的
响板，和像机关枪一样咔嗒响的脚后跟。

3

一直不曾厌倦，他读读
写写，读读写写，置身于铁栏护卫的
西班牙酒店，酒店的内院里
配置着熟铁的藤架，他已经多久未
和女人在一起了，在一个斗牛城，梅里达[①]，
它毁损的圆形露天竞技场回响着无声的“好啊”
向他丰盛的思想，向他可怜的
妒忌的自杀。时间可能使他
备受折磨，啃啮石头并吞噬
它的心的时间。你，我最亲爱的朋友，读者，
它的河流过芦苇丛，河上的光芒
沿着一棵歪斜的柳树卷绕成一个“&”。

---

① 梅里达（Mérida），西班牙最漂亮的古罗马式城市之一，西班牙语，下一行中的“好啊”（olés）也是西班牙语，是斗牛表演时的喝彩用语。

4

假定我住在这个城市，会有一个喷泉，
一个有两只鹳——我称它们鹤——的塔楼，
和路过、然后还会路过的黑发美人，
我不会住在豪华酒店；西班牙的所有
中心位于这个广场，它的便道被八月的阳光
照耀并分成两半。斗牛场将被关闭
直到星期天，炎热
会烤焦公园的长椅，还会有许多
用粉红的双脚在卵石上跳跃的鸽子。
我会独自坐在那里，拥有白种人思想的
一位老诗人，而你，我的妓女[1]，会死去
你的名字只有一半会被记住
因为到那时你会失去控制我
睡眠的力量，直到剩余的一切
是喷泉的喷嘴。钟楼上的鹳，或鹤。

① 妓女（puta），原文为西班牙语。

一〇　在意大利

——献给保拉[1]

1

天，灰色。心情：石板色。太阴暗了不能游泳，
除非强光的太阳出现；这有可能。
我们的手，像蚂蚁，不断建造图书馆、储藏书页
和谜一样的羊皮纸；我们的书是墓碑，每首诗都是赞歌。
而那位生性甜美、富于天资的意大利少女
从诗[2]的书页中消失，从里米尼[3]潮湿的石头中
消失，当蚂蚁不断涂鸦、螃蟹不断乱爬，
墓碑变厚。她是可爱的人中的一个，
笑得可爱，话语悦耳，
性情多么温柔！却消失了像干燥的沙
像阳光照耀的海滩上的风掠过的影子，
一只螃蟹停下来然后继续。像这只蚂蚁；这只手。

---

① 题目（*In Italy*）为原诗所有。保拉（Paola），诗人的一个朋友，见第 48 首；也是意大利地名。

② 诗（Poesia），原文为意大利语。

③ 里米尼（Rimini），意大利的一个海滨城市。

2

他似乎微不足道，但她的死
使他受到智慧的折磨；此刻他从痛苦中
获得了特权；你能听到他的呼吸
而他做出的最小姿势是深深的厌倦。
或许那是她留给他的，一种超越了
他的屈从的奇怪、愤怒的怯懦
和一种比他渴望的工作还深的挚爱，
因为一个美人似乎大大超出那沉闷的
加农炮射程之外，砰的一声使她
伸开四肢躺在卧室的地毯上；比成为
一名鳏夫更不幸；他们本来就要结婚了。
此刻她躺着面色苍白如头发蓬乱的大理石，一位女神
典雅的躯体，她短暂的访问愉悦了尘世。

3

——献给朱塞佩·西切莱欧

松树撒开它的网捕捉夜间的燕子
让它们返回树枝，它们的飞翔短暂如蝙蝠，
游艇亮灯了使锡拉库萨显得更近，
一支不连贯的曲子从渡船飘出，
黄昏时分这颗心在怀乡病中摇荡，
在这橙色的时刻，它的轮廓是棕榈叶
长而尖，像对着天空的海胆
开始随星星跳动，一朵巨云敞开的
赞美诗慢慢吸收它的颜色。
雨燕练习箭术，白昼的火焰
在迦太基、在亚历山大[①]上空熊熊燃烧，
在太阳的帝国里，所有城市都成了灰烬，
而夜晚将在漆黑中选择一位
具有超强视力的少女，圣卢西亚，
棕榈和松树的守护女神，她的
字母表是锡拉库萨的燕子。

---

① 迦太基（Carthage），意为“新的城市”，是罗马人对它的称呼，位于非洲北海岸，与罗马隔海相望；亚历 山大（Alexandria），埃及第二大城市，非洲重要海港。

4

被封闭的围墙担起的道路连着作为
街道的狭窄石子路，这些山城拥有
邮票大小的广场和被颤动的地平线的
箭头钉住的大海，拥有数世纪从不
衰弱的名字和作为时间刻度盘的影子。光
老于酒，一朵云像一块桌布
在树叶下铺开迎接午餐。我来意大利
太晚了，不过也许现在比年轻时要好，
那时从不满足，欢乐徒有其表，
此刻我的头发与那些遥远的山顶押韵
山顶塔楼的钟声历数我的过失，
因为我们从不在我们所在的地方，而是在别处，
即使在意大利。这是晚年可以承受的
真理；但是默念你受到的恩赐：那些开满
向日葵的田野，山坡上熹微的光，闻所未闻的
亚得里亚海[①]的薄雾，而余生仍然期待
新的可能，云影追逐着一道道斜坡。

---

① 亚得里亚海（Adriatic），地中海的一部分，位于亚平宁半岛和巴尔干半岛之间，其西岸属于意大利。

5

那些随城墙和钟楼、橄榄树顶形成
脊状的山坡，那些穿过闪闪发光的白杨、
小麦已收获的斜坡，那些向日葵田野，
点缀着印花餐纸像主教的法冠，
路上满是长长的影子，开阔的静修地
被跳跃的柏树、树影泼溅的赭色墙壁
保护着，接着是城市本身，其街道
密集如锁子甲，以某位普通的圣人的名字
命名，盘旋如一条路通向雾气笼罩的大海。
所有这些小港口，都以圣人的名字命名，
解救西西里的悲哀
和无知的愚蠢。
它就像西西里之光，但并非同一个
太阳或我的影子，一种苦涩如同损失。
畅饮其苦以忘记她的名字，
那是忘却允许的怜悯。

6

蓝色的窗户，柠檬色的床罩，
深知大海在大街后面
街上满是阳台和自行车，深知冷漠的车流
将它的尾气暂时混入咖啡内部，
暂时混入床单，暂时混入
对有尖棕榈叶的海盐味酒店的一瞥
尽管如此，夏天是严肃的，
因为必然有一次对武器的永远告别：
告别终将消失的暴风发型美人。
你交替失去重心，爱
在你身体的枢轴上颤抖，由于马车的
震动，当它掠过利古里亚[1]海岸的
屋顶和海滩。万物失去平衡
在记忆的微创下踉踉跄跄。
你等待启示，等待跳跃的海豚，
等待夜莺放松它们郁结的喉咙，
等待塔楼的钟声宽恕你的罪行
就像回家的船上卷起的帆。

---

① 利古里亚（Ligurian），意大利西北部的一个区，位于利古里亚海沿岸。

7

当你的红头发穿过莱奥帕尔迪[①]的故居，
它燃烧着庄重的无焰之火，玛丽亚。
我们怀着对这痛苦的敬畏游览了所有房间，它的
一道道楼梯收缩四壁，它上升的咏叹调
是西尔维娅和孤独；在漆黑的横梁下面，
经过葬礼文件中捆好的书卷，
从我们的导游卡拉瓦乔和她苍白的微笑
我们领悟了这位大诗人的残梦。
你对众生像个错误：独立，卓异，
你属于雷卡纳蒂外面春天点染的
群山。你得体的、晒黑的身体
在碎花布下皱缩，你的表情显示：
“为什么他们一定认为爱是一种大悲痛？
尽管更多阴郁的朝圣者明天到来，
麻雀不是在快乐地围着这个住所飞？”
随后我从他故居的窗口观看
看见聚集在小广场上的骑士们
列队侍奉那面红头发的旗帜，
他们的战戟高举，骑在五十匹马上。

① 莱奥帕尔迪（Leopardi，1798—1837），意大利著名浪漫主义诗人。

8

还是在意大利我从未见过任何地方像
这里——这些堆着已收获的小麦的广场，一畦畦的
绿色作物，或许是玉米，耕作过的山沐浴在旋转的光里，
点缀着我喜欢的橄榄树和柏树，
一条漂白的河床和乌尔比诺①附近
总是令人惊奇的向日葵田野，像我从未读过的书，
小山缓缓地下降然后缓缓地上升，
在疾驰的柏油路上，车窗说：
“你已经见过翁布里亚②，令人赞赏的托斯卡纳区，
也曾因热那亚海港的宽阔而目瞪口呆，
现在我向你展示一个公开的秘密，你看到过任何
像这里一样美好的风景吗，你看到过
一条如此漂亮的车道吗?”我回答：“蒙特雷③。
我们，也，停车以欣赏光，
浪花，杜松，松树，和在海岸上
伸展的天空。如果从这张明信片里的播种机
谷粒能带来这样的惊奇、这样确切的
收获，我已亲眼看见它们。”

---

① 乌尔比诺（Urbino），意大利一座由城墙环绕的城市，坐落在一个倾斜的山坡上，被列为世界文化遗产地。

② 翁布里亚（Umbria），意大利中部区名，翁布里亚画派发源地；托斯卡纳（Tuscany），意大利区名，其首府为佛罗伦萨；热那亚（Genoa），意大利最大商港，位于利古里亚海岸，为著名旅游胜地。

③ 蒙特雷（Monterey），美国加利福尼亚西部城市。

9

即使这么远了，如今离那个小而朴素的旅馆，
夏日的洁白墙壁，冰淇淋手推车的丁零声，
灼热的自行车道和矿泉水瓶，
而另一张海滩明信片深印我心；
即使这么远了，数周之后，沙的痒，
亚得里亚海还粘在我的后背，给它镀上
灰白的盐，引来易怒的母亲和
她们橡皮般乖巧的孩子，起初
憎恶它，租来的椅子，而一百把
相同的铁伞突出假日海岸的
规模和家人难以克服的
恐惧，在那里每个影子都是一片绿洲
在一幅意大利广告中，香草色的姑娘
在她们大腿上涂抹乳膏，一种塑料制成的幸福
带来真实的满足。在那个凉爽的大厅里，
老人闲着。当时我是他们中的一个。
细察那些迟缓的、驼背游客是我唯一的嗜好，
此刻被一个奇形怪状的水疱和讨厌的浓痰折磨着。

10

我震惊于那些向日葵旋转
在靛蓝海洋上的辽阔的绿色牧场里，
惊讶于它们金色的安静，纵然它们用
雷卡纳蒂上空的钟表那听不见的嗡嗡声歌唱。
它们可会把脸转向黄昏，就像一支军队
可能服从一个即将沦亡的帝国的最后命令，
它们的车轮陷入车辙，在星星的微小
装饰与萤火虫的曲折流火之前，
随后就像燃尽的流星柔软地
砰然落地？在我们别处的生活里，向日葵
单独出现，但是在这个临海的省份
整个田野可能都洋溢着它们现世的力量
像文艺复兴时期某位巨人的披风一样展开，
它们的旗帜会凋谢，它们金色的舵充满太空；
它们是我们向自己朗诵的诗篇，是我们
短暂荣耀的隐喻，是我们不能回避的一轮光芒
在布莱克[①]时代它被叫作天堂，但并非从那以来。

① 布莱克（Blake，1757—1827），英国诗人，画家，浪漫主义文学代表人物之一。

11

如果所有这些词语是不同颜色的卵石，
点缀着那只忧郁的苍鹭可能从中饮水的小池塘，
一幅镶嵌画被浅滩碎裂的水泡，
和涌向大海的鼓的整齐波浪覆盖并上光，
如果它们不只是白纸上的黑点，
和我们的眼睛与它们相遇的声音，
那么它们都会成为你的，因为你是瞬间奇想的
赋形者，你的词语是对树丛中斑鸠的
持续问候，是被投掷在
水湾颤动的石床上的网，
而且你的词语是贝壳，其中蜷缩着一只耳朵
或一个祈祷的胎儿，预言和遗憾。
这里正值下午酷热的时刻，疲惫的
心是快乐的，滚烫的大海泛起锡似的波纹，
在潮水过后留下的水洼里，黑岩石常常激起
鲻鱼在清澈河湾中成群出动；
这是隐秘之地的安静与热烈，在此地
一个岩石潭里，为它自身赋形的是一张少女的脸。

12

——献给罗伯塔[①]

我将反复赞美出没在那不勒斯[②]
一堵陶砖墙上的光，在那无法把握的黄昏
它使每个角落都闪耀着一位业余画家的
丁香紫与橙黄，赞美绚丽的威尼斯，用它
溶解在大运河里的唱片，当一声听不见的
枪击驱散鸽群，尽管罗伯塔说
鸽群如今成了官方的公害，没有女预言家
或共和国总督能拯救它们，没有她举起胳膊的雕像，
或它们会再次栖息枝头，一种卡纳莱托[③]的平静
返回闪光的潟湖，返回圣母玛丽亚－萨卢特教堂，
黄昏的水面随着手风琴的演奏泛起涟漪，
来自演奏三音叉的神？我听见那拓宽的声音
在汽艇的嘎嘎声里经过有花边的
手工制品，当你弯身靠近时，它变成石头：
变成石头，珍爱的石头，我雕刻的美人
使瞌睡的狮子张开大口，使青铜种马上蹿下跳。

---

① 罗伯塔（Roberta），第48首诗中再次提到她。

② 那不勒斯（Naples），意大利南部第一大城市，地中海港口城市。

③ 卡纳莱托（Canaletto，1697—1768），意大利风景画家，以精确描绘威尼斯风光著称于世。

一一　乡村葬礼

也许它存在于唯一的地平线上——
那里有风车和雕着探询的鹤的钟楼，
白杨树哗哗响的牧场，一片温和之地，
骑士的雕像和水编织的喷泉，
当城市终结，树篱和树木开始出现，
我们从火车上看见这个充满活力的乡村
到处是草垛、鸭塘和渡鸦，它们停在
为一个市议员的葬礼准备的篱笆上。恭顺的雨
合乎礼仪地落在咖啡馆和卵石上，
雨伞开花，一阵得体的薄雾
给街道上光，大教堂在它的倒影里
颤动，一场毛毛雨是安静的赞美，
那个未刮胡须的神父穿着布满灰尘的法衣，
拉丁语和寡居的柏树的保护人，
看成群的八哥如何记录编年史
它们把历史保存在不朽的灰色里
驳船沿着运河进入诗篇。
这是诗意的天气，这是它真正的家，
而不是棕榈叶为它们自己鼓掌、帆
在无知的欢乐中舞蹈和海鸥追逐泡沫的地方。

一二　消失的帝国[①]

1

随后突然不再有帝国。
它的胜利成了空气，它的领土成了尘土：
缅甸，加拿大，埃及，非洲，印度，苏丹。
地图已经将它的污点渗入学童的衬衫
就像红墨水渗入吸墨纸，战争，长期围城。
独桅帆船和三桅小帆船，山中军事基地，前哨，旗帜
在黄昏时飘落，它们的金盾消隐
连同太阳，巨大悬崖上的最后微光，
连同长着老虎眼、包着头巾的印度锡克教徒，英属印度的
　旗帜
到悲泣的喇叭。我看到它都再次
出现，有穗状饰物的行列，投掷队的马蹄声
连同葬礼用的多管自动高射机关炮，警官少校的号令，
跺脚，然后是齐射；再也没有比这更伟大的主题了：
这种断然放弃的权力

① 题目（*The Lost Empire*）为原诗所有。

放弃权力的人群那泛白的眼睛和长袍，
红色的短祭袍，和伟大的名字信德、土耳其斯坦、坎普尔，[1]
随后是沾满尘土的托钵僧和撒哈拉沙漠的寂静。

① 信德（Sind），土耳其斯坦（Turkistan），坎普尔（Cawnpore）均为英国殖民地。

2

一只蜻蜓的双翼飞机停下来，在地图上，
群岛看上去就像一个大陆坠落
摔成了一个个碎片；从开普角
到莫尔·阿·奇科[①]，木舟，月桂树的肉桂[②]
舟木，辛香的月桂树，大风搅动的树木
回响在非洲的峰顶；在夜里，星星
是渔人遥远的篝火，热那亚，米兰，伦敦，
马德里，巴黎，不是辉煌的城市，
而是捕蟹者的火把。这个小小的地方生产的
只有美：被风扭曲的树，登内里悬崖上的
碎浪花，和那野性的光
它放开一匹飞奔的母马在维约堡[③]平原上，让我们
全然领受每天恩赐的圣餐，
光简化我们，无论我们是何种族或天赋。
我满足于像卡瓦纳[④]那样守着他的几亩地；
因为我的心会被撕成碎片就像大海的边饰，
为了看海鸥飞起时它的翅膀如何捕捉色彩。

---

① 莫尔·阿·奇科（Moule á Chique），圣卢西亚景点。
② 木舟（bois—canot），月桂树的肉桂（laurier cannelles），原文均为法语。
③ 维约堡（Vieuxfort），圣卢西亚的港口城市。
④ 卡瓦纳（Kavanagh，1904—1967），爱尔兰诗人，小说家。小学时辍学，在家务农16年，后自学成才。

一三　帝国的幽灵①

1

沿着荒废的港口那有康拉德特色的码头往下走，
经过表皮结着污点的多瘤的海葡萄，
直到火焰树从古老的英国城堡一阵齐射，
他等，另一个时代的白色幽灵，
或站，靠在酒吧某间小屋的
门口，悄悄溜向大街
就像书签夹在一本十九世纪小说里，
迅速摆脱联系如一只螃蟹后退。
他沿着海滨陈旧的臭气漫步
来到苏弗里耶尔②一家商店阳台的影子里
因为市政长凳在城市广场的
灼热火炉里占据有利位置。
我刚好错过他，当他从蓝色卡普里岛的渡船
吐出的人群中奔向另一个方向

---

① 题目（*The Spectre of Empire*）为原诗所有。
② 苏弗里耶尔（Soufrière），城市名，位于圣卢西亚西海岸，是法国人创建的殖民地。

就像他逃离同样蔚蓝的
坎佩切湾和玫瑰色海岸的喀塔赫纳，[1]
他静止的难以捉摸的沉默变得更可怕
随着每一次大声的质问，因为那么多问题
都被掷向他，逃离上个世纪的罪。

---

① 坎佩切湾（Campeche），位于墨西哥东部；喀塔赫纳（Cartagena），哥伦比亚的一个海港。

2

走在湿透的堡礁上，拽拽他的帽檐，
与装聋的书页保持距离，
他听不到掷向他的辱骂，
抵御飞溅的唾沫。一个形象
超出一个人，这个穿漂白卡其的人
是从蜡烛、炷香，或蚊香
冒出的烟，如今他的名望
大于他的帝国，它缓缓燃烧的良心。
烟是火之罪，因此他漫步
于苏弗里耶尔，苏门答腊，沿着任何一条阻塞的河道
在那里大船沉没，垃圾的烟卷起
它的旗帜，他行进，带着它的罪，
它倒塌的矿井，它通过打赌筛取的财富。
他穿过一个板球场，残茬丛生
惊起一群洁白、完美的白鹭。

3

码头漆黑还有罩盖，仓库
紧锁，他的失眠强烈地持续，像月亮
悬在锌色屋顶和细长棕榈树上；他让自己
打起精神，在小房间里慢慢穿衣：
他走向海滩，群山像沉思的鲸鱼
以它们为背景漂移着捕蟹渔夫的
烛台和灯笼，游艇已卷起它们的帆。
罪感回潮时，他喜欢这种远足；
对星座的摩尔斯电码①毫不关心，
他放弃了不再派遣
权力的舰队，那种武力的回声
如同在夜间沙滩上消失的泡沫。
面对独眼巨人②的灯塔那旋转的光束
他听到他灵魂临终时吸入的喉鸣，
但他的历史是没有悔恨的历史。
从奔涌的碎浪花里，他听到战斗中
嘲弄的连续炮击，看到成群用羽毛装饰的
部落成员飞快地滑下沙丘
并听到古老的警句："忏悔。我拥有信德。"

---

① 摩尔斯（Morse，1791—1872），美国作家，画家，摩尔斯电码的创立者。
② 独眼巨人，或译基克洛普斯（Cyclopic），希腊神话中西西里岛的巨人。

想到那些协议被相同的戴一个戒指的手签下，
想到它的权力能掌控的宽度：
“地球的七分之一”，我们从课堂上学到。
它的海角、码头，它的塔楼和光塔，
在一轮永不降落的太阳升起的黎明中
这种权力就像露珠从草叶上消失。

4

他沾满朗姆酒的手指握着一只酒杯，
他能看见烧焦的广场，一个圣徒在那里主持，
看见它干涸的喷泉，蜥蜴穿过那里的草丛
看见大教堂内部的烛光。
在阳光照耀的酒吧里，那个女人拉上百叶窗，
它们看起来就像母狮眯缝的眼睑
（她隐身其中的黄色书页符合他的心情）
咖啡馆安静，远离大街的喧闹，
此刻他喜欢的东西证实了大事件的
后果；一艘倾斜的船，一只苍鹭
精心挑选它的路径，
它背上的一只甲壳虫：这些事物逐渐耗尽
他强烈的关注，因为古老的尺度
已被降低（这是他的环境）。
在窗边的巴豆丛上，猫的
尾巴嗖地挥动如同蜻蜓跳舞。
大量的道德的闲散在他面前绵延，
咖啡馆里庸俗的闲聊达到巅峰时刻。
如今他拥有的是使他厌烦的事物，
以及无力如何牵制这么大的力量。
他穿过的衣服，和使他疲乏的角色。[①]

① “穿过的”和“使疲乏”在诗中是同一个单词（wore）。

一四　牧歌[①]

在秋天无声的咆哮里，在白杨树
刺耳的高音里，圣栎的男低音里，
在斯库尔吉尔[②]河蜿蜒的银色咏叹调里，
护手钩敲击杨树的合唱里，
找到爱，为那并非你的土地，宾夕法尼亚东部
一个酷热的乡村，随着 DVD 播放
在租来的深红色吉普车里，在秋日无尽的
馈赠里，浮现出在细长小艇中划船的
艾金斯[③]的绅士形象，无论何时树木分开
显露一条河宁静的惊奇，流
过长满雪花斑点的白桦林，印第安猎人在那里滑逝。
这个乡村已被一个预言的传教士的
星星之火引燃，它的余烬还在发光，
它的云是黑暗中汹涌的烟
一场大屠杀在这个金炉里发出轻微的爆裂声

---

① 题目（*Pastoral*）为原诗所有。
② 斯库尔吉尔（Schuylkill），费城的一条河，位于宾夕法尼亚境内。
③ 艾金斯（Eakins，1844—1916），生于费城，美国现实主义画家、摄影家、雕塑家、艺术教育家，被誉为美国绘画之父。

在这里无数部落被毁灭，一笔债仍然欠着，
而一个白色的乡村塔尖还在坚持天堂。

一五　伦敦的一个下午[①]

1

下午。杜兰特斯[②]。要么是电梯，
颤动着格格响，它的插曲，
要么是棕色的酒吧，忧郁而准时的侍者
和他无论什么样的口音；饼干和奶酪
加上沸腾的热茶与幸福的朋友们。
夏日伦敦的户外，旅客，搬运工，出租车，
你回来领受的安慰人的陈词滥调，
接受了，但并不很感兴趣，几乎认出家乡的
小小狂喜，在向晚的车流
文雅的咆哮里；所有道具都齐了，
精心制作的早餐，腌鱼，体育图片，
最小商店上的华丽字体，
晨报和每个警句中的
永恒意义。这是它必须开始之处：

---

① 题目（*A London Afternoon*）为原诗所有。

② 杜兰特斯（Durrants），酒店名，位于伦敦乔治街，建于 1789 年。

每个少年（或小伙子）骨子里的遗传，
从心中无形地向外蔓延的污点，
就像教室地图里帝国的红色。

2

这些狭窄的街道，因年久而变脏
因传统而油腻，它们疙疙瘩瘩的名字，
它们的比萨店，它们的彩票销售点，那黑色车库，
自动售货机上使人着迷的游戏发出的
砰砰声和嘎嘎声，和我第五本诗选的每页上
那个英格兰有什么关系，既然我的心是
一个衰老的海，记着它的诗行，
怀亚特、萨里[①]的敏感和对称？
春草和翻腾的白云使一个县点缀着
诗行，像一条有车辙的路陷入回忆
回忆一首云雀未听过的歌，回忆一笔辛辣
如三叶草的馈赠，回忆康斯特布尔或约翰·克莱尔[②]
描绘的一辆乡村马车的嘎吱声。词语净化这一页
就像一群麻雀突然飞过树篱
“但是尽管他离开宫廷到了村舍，
他的圣徒确信他没有污点的心”
和汽油味。为什么这些诗句
就像透过栅栏的阳光躺在草地上将仰首阔步的飞鸽
关进笼子？商店里我转瞬即逝的形象，手势。

---

① 怀亚特（Wyatt，1503—1542），英国诗人，将十四行诗从意大利引入英国；萨里（Surrey，？—1547），英国诗人，与怀亚特一起为英语十四行诗作出了重要贡献。

② 康斯特布尔（Constable，1776—1837），英国风景画家；约翰·克莱尔（John Clare，1793—1864），英国诗人。

一六　在乡村[①]

1

我从地铁走上来，有人站在
台阶上，似乎他们发现了
某种我未察觉的东西。这是在冷战时期，
在核能放射尘里。我观望，整个大街
是空的，我的意思是彻底的空，我想，
鸟群已经放弃了我们的城市，寂静的
瘟疫繁殖在它们的动脉里，它们打了
这场战争却失败了，再也没有什么微妙或模糊的东西
在纽约这令人恐惧的真空里。我听到
一个喇叭嘟嘟叫，反复警告
最后那几个人，可能是轧马路的情人，
这个世界即将在第六或第七大街的
某个早晨终结，没有人准备上班
在那未被否认的、令人恐惧的观念里。
寻死无门，但是求生也无路。
好吧，即使我们被烧焦，至少是在纽约。

---

① 题目（*In the Village*）为原诗所有。

2

纽约的每个人都生活在情景喜剧里。
我生活在一部拉美小说里，其中
一个长着白鹭头发的别霍[1]因某种
看不见的悲伤，某种惊人的折磨而发抖，
并把它秘密写入编年史，直到显现在他脸上，
附加说明的皱纹证实了他的虚构
使他深感难堪。看，它只是
心灵的老故事，这颗心不愿放弃
无论是什么，怪人，堂吉诃德，这只是一个人
他绝不会伤害别人的心，即使那个头发斑白的陆军上校
在骑兵冲锋中，在一场不会使他成为一尊雕像的
战斗中突然栽下马来。这是寻常的，
单恋的地狱。看那些白鹭
在散乱的队列中吃力地走向草地，白旗帜
凄凉地拖在后面；它们是一位老人的回忆录中
褪色的遗憾，印好的诗节
显露出它们铰链式的翅膀，像完全敞开的秘密。

---

① 别霍（viejo），西班牙语，意思是“老人”。

3

谁从我的书桌移走了那台打字机，
以致我成了一位没有钢琴的音乐家
伴着面前像下一个春天那样清晰
而怪诞的空虚？我的静脉发芽，我体内充满
那么多诗歌，一个黑铁丝的废纸篓。
户外的音符是可见的；麻雀沿天线
排列成行像五线谱，像过往春天那样，
但屋顶冰冷，一艘客轮在灰色的大河上
滑行，巨大如冬天的山冈，
难以察觉地移动仿佛累积的
岁月。我没有理由原谅她
为我自己作的孽。我超越了憎恨，
超越了对意大利的向往，在那里暴风雪
赦免蜿蜒在米兰之外的一座跪着的山的罪行
并使它变白。透过玻璃，我在等待
一声鸟鸣搅动春天的序曲，
但若没有我的打字机的嘶哑音乐
我的手、我的工作就会感到不适。没有词语
让北极的邮轮驶向哈德逊河[①]，让积雪的
痂从屋顶融化。没有诗歌。没有鸟群。

---

① 哈德逊（Hudson），纽约的一条大河。

4　甜美生活咖啡馆[①]

如果我有时陷入灰色的
安静，在甜美生活咖啡馆户外的
红方格桌布上，当乡村星期天
车流的喧响轻柔如飞蛾
在仓库里觅食，这是由于年老
这一点我很少承认，或老实说，甚至很少想到。
我一直保持同样的狂怒，虽然我在家里的愤怒
不合常理，身患糖尿病，爱并没有减少
虽然我的手抖得厉害，但并非在这张纸上。
我的渴望是身体强健，但是，如果碰巧
我所有的塔萎缩成散沙，
欢乐仍将弄弯芦苇藤，因我的笔尖
在奔赴维约堡的路上的喜悦，因在太阳下
变白的香芋草，至于大海在普拉兰岛[②]
闯入峡谷，它们意味着我看到过的
魅力的极致，而死神将会把它
从我放在这个胜地的方格桌布上的手中取走。

---

① 题目（*The Sweet Life Café*）为原诗所有。
② 普拉兰岛（Praslin），圣卢西亚地名。

一七　光的命名

当光降落在苏弗里耶尔那边的丛林，
它富于秩序，命名了它降落的事物——
黄酸枣和鳄梨，芋头，黄体芋和甜瓜，
而在山间，橙色和鲜红色的
不凋花标明可可树的边界。
我们停在那里，在长久的恍惚中驱车
穿过它自身完美的结构，像光
命名了马尔凯大区[1]的城墙，曲曲折折的
亚得里亚海的海岸，它使我欣喜
如一只风中的鸡鹰，或拉奎拉[2]上空
一枚鹰的徽章，或一条隐匿的小溪在那里用喉音
朗诵“皮通·弗洛尔[3]，皮通·弗洛尔”，雪松、柏树和榆树
说着同一种语言，一本可信的书中的书页[4]
在夏日打开。我停下来倾听它们。

---

① 马尔凯大区（Le Marche），意大利一个区的名字，东临亚得里亚海。
② 拉奎拉（L'Aquila），L'Aquila，意大利语，意思是“鹰”。拉奎拉为意大利中部城市。
③ 皮通·弗洛尔（Piton Flore），山名，位于圣卢西亚首都卡斯特里。
④ 诗中所用词语为“leaves”，有“书页”与“树叶”两层意思。

一八　在画室

傍晚的光横在两张画布上的
角度显露了画作粗糙的
厚涂技法，一种这么晚才出现
在生命中的粗俗，我设想到这时我会
精通肖像和风景画，到七十八岁
我想我本应画出某些相当不错的
作品，出售、展览它们，但那粗糙的表面
就像画作感染的某种可怕的疾病，
它突然在那个瞬间将景色和面孔耙成
虚无，并非一种风格，只是愚蠢的自信——
一种厚密，并非如凡·高或培根[①]的技艺，
它按照原状显示了自身；
这种启示来得如此平静。画室里
没有声音，此刻只有大海在户外翻涌
带着失望，带着麻木的不满——
一个超越绝望或自豪的真相。
至少我感到的悲伤是我自己造成的，

---

① 培根（Bacon，1909—1992），英国画家。

决心从腐败中找到纯净，
仍是一个人碎裂了心灵并听任它疼痛。

一九　我走出画室

我走出画室，为无边无际的
蓝天，为镶着花边的白色大海，
再次被另一种失败震撼。
我的镜子似乎需要另一张脸。
那种通常竖立的静止，我的快乐
因画中某个虚夸的细节而不安，
太粗糙，太徒劳，这支画笔已尽力，保留！
血糖低。接下来我会晕倒。
此刻在那里闪光的是耗费数月的
制作，绘画、草图和结构突然
恢复年轻时曾有的信念
当不多的天赋已沉睡它会飞升。
一个禁欲主义者的狭长肖像
直接取法艾尔·葛雷柯[①]，他脑壳回声般的面孔——
好吧，模仿是它自身的审美观，
与其偷窃不如献礼，正如他们时下所说的。

---

① 艾尔·葛雷柯（El Greco，1541—1614），西班牙画家，人物肖像狭长，注重对色彩的戏剧性运用。

那些失败的油画
有罪似的将它们羞愧的脸转向墙壁。
一束方形的阳光缓缓穿过
画室的地板。我羡慕它的耐心。

二〇　我的手艺

薄雾和幽灵似的山峰来来去去，
在完全消失的白雨里，以至于
现在随时可能开始下雪——
在采尔马特，我窗子里的马特峰[①]
岩脊上的雪如叶子花编织的树篱
像安妮女王[②]的蕾丝发白而有斑点，
奇异的对立变得越来越反常，
绿色群山变白，成为阿尔卑斯山脉
嫉妒的颜色，溪流的小瀑布发出回声
如同雪崩；这并不荒唐；
我的手艺和我手艺的思想平行于
每个物体，词语和词语的影子
使事物既是它自身又是别的东西
直到我们在一种不断发展的经验主义语言里
成为隐喻而不是我们自己，
联系如此巧妙以至于它们闪电般

---

① 采尔马特（Zermatt），瑞士的一个小城镇，距离意大利边境约10公里，是世界著名的滑雪胜地；马特峰（Matterhorn），阿尔卑斯山脉中最著名的山峰，位于瑞士和意大利边境。

② 安妮女王（Queen Anne，1665—1714），1702年成为英国女王。

惊动我们当我看到佩蒂特·皮通[1]
那一瞬间头皮好一阵发麻，
一种和它相同的高山押韵的状态
直到，不只一瞬，我，也，变白了。

① 佩蒂特·皮通（Petit Piton），山名，位于圣卢西亚西南部。

二一　一次巨变[1]

随着政府这永久的钴蓝色的转变，
这种许诺我们将信将疑，
随着政府这永久的海蓝色的转变，
用改组的内阁这永久的紫罗兰色，
这暗礁上永久的丁香紫，这赭色浅滩的
永久漫流，这潮水似的撕裂的彩旗
和这浪花似的远去的横幅。
随着政府转变，没有转变的是蟋蟀的唧唧声，
公牛低沉、滑稽的吼叫声，或
甩头的马的惊人对称。
随着政府转变，你开始听到
宽阔的雨的烟雾，就像统治者听到聚集
在阳台下的群众，那位领袖已经许诺
政府的转变这永久的钴蓝色
用他的内阁转变的丁香紫和紫罗兰色。

---

① 题目（*A Sea-Change*）为原诗所有。

二二　致我的敌人

愿我的敌人随这些波浪安静下来
因为它们是美的即使对他的邪恶来说，
愿这场细雨是对他心灵的祝福
就像它是对我的祝福；他们在这里说那个恶魔
鞭打他的妻子当阳光照彻纤细
纤细的雨丝。并非我的心宽恕
我的敌人他可恶的肉体欲望
而是一片叶子的闪光，一只有斑点的鸽子的疾飞，
浪花列队行进的白色法衣溅入港湾
如同忏悔者进入放着圣餐桌蕾丝的圆屋顶；
因此美塑造的既非惩罚也非救赎
就像我的敌人的教堂的教义，摔跤的
小天使、痛苦的圣人和缤纷的
紫色云的大教堂；尽管我有理由
我会和敌人分享这个世界的美
即使他们的贪婪毁坏了我亚当岛的
天真。我的敌人好像壁画里的
一条大蛇，他所有的
鳞片、毒液、闪光的脑袋都是
这个岛的美的一部分；他无须忏悔。

二三　七十七岁

什么？你在七十七岁时会成为超人？
减轻你的体重？好。你已减掉七磅，
但你也减掉了对天堂的信仰
当亲爱的朋友辞世时。他还在巡视，
邮递员，割草者，巴兹尔，无论你叫他什么——
骑自行车的人在星期天静静锻炼
沿着一条洒满木麻黄条形影子的街道
泡沫崩散在防波堤的墙上。我
确信人人皆知它迟早会发生，
游艇，在所有船坞里点头赞同，
身着教士服的黑鹂，青蛙断断续续的赞歌，
再减掉七磅，你将需要一口细长的棺材。
你承受着奇痒，它在你的脖子和前臂上
引发红肿，因此现在你一大早
就去游泳以避开太阳；恐惧融化
在黎明的美之前，尽管咳嗽着。

二四　在海滨

从林中一匹母马的红褐色臀部，
她在一声发抖的嘶鸣中伸直的脖子
从乌切洛或马里尼①的画中径直伸出，
这个带着盐味的清晨在通往海滩的路上。
一场美妙的薄雾把我带到别处——
这雾气意味着蒙奇②在下雨，
也许在鹅卵石街道上（记忆在此停顿）。
那个面对锡拉库萨的海滨旅馆叫什么？
它会浮现像她的颧骨，她面孔的
天生对称，都会浮现，
我祈求的痴迷之物将会失去，
那被激起如低音大提琴的嗓音，
和滨海大道的名字……帮帮我，缪斯。
谁想到这会发生，那褪色的
黄色旅馆，以及此刻，天哪！她的名字？
只有海滨的阳光保持原样
对一位海滩上的老人来说，波浪已不是新闻。

---

① 乌切洛（Uccello，1397—1475），意大利画家；马里尼（Marini，1901—1980），意大利画家和雕塑家。

② 蒙奇（Monchy），位于圣卢西亚岛北部。

二五　在卡普里岛[1]

光把自己框进小方窗里；一本杂志。
经过白色台阶，人群涌向旅行指南的
枯燥说明；他们排成纵队游览壁画：
红衣主教，教皇大使，步兵上尉，零星的
小矮人，编着谷状辫子的圣母，暗杀者（圆眼珠，高挺鼻）；
他们从画中涌出并鲜活至今
他们沉默的语言突然变得喧闹，
好像一根弯曲的手指搅动他们或一根魔杖
控制着关节灵活的四肢，将呼吸和声音给予
剥落的油彩并将弯曲给予每只携带
购物袋的手；曼特纳，克里韦利[2]，
安德里亚·德尔·萨托[3]画的游客的脸：
他们化庸常为不朽的职责，
还有女人，女人！很难

---

① 题目（*On Capri*）为原诗所有。卡普里岛，意大利南部的著名岛屿和游览胜地。

② 曼特纳（Mantegna，1431—1506），意大利壁画家；克里韦利（Crivelli，1430—1495），意大利画家。

③ 安德里亚·德尔·萨托（Andrea del Sarto，1486—1530），意大利画家。

把她们只看成那样，例如，那个
逗留在商店门口阴影里的人，瞄一眼，
简直是一位棕褐色少女或在温泉入口的普洛塞尔皮娜[①]。

① 普洛塞尔皮娜（Proserpine），罗马神话中的冥后。

二六　他们的号码

他们的号码并未消失于去年的
一页日记里，只是，无声地
陪着地址像紧锁的门，在愤怒中
我们所有的记忆面临遗忘
而他们的号码簿在扩展，敞口的拨号盘
促使你给他们打电话；他们不能解释
他们的缺席就像混杂的约会（也不否认所有
被迫屏住一次长呼吸的人会把他们
纳入墓碑封闭的圆括号里）。
花朵似的号码被暴雨摧落
或被太阳晒干，直到所有气候终止
或号码再次重新排列它们自身。
枝条从柴堆中松弛了；甚至泡沫
在海石上闪亮地打着旋
消失了，但是号码保留着他们的样子
和面孔，我们仍然珍爱那些
我们爱着的、失去的、尊敬的人，并转化
成我们迅速掠过的号码的回声
从一种我们逐渐会变成习惯的新的疼痛中，
就像鹅卵石通向嘶哑的、编了号的大海。

二七　六十年以后[①]

从我在维约堡的玛利亚酒店大厅的轮椅里
我看见，她坐在自己的轮椅里，她的美
隆起如一朵皱褶的花，那个曾被我视为
我青春生活之火的人将尽其本分地
永远金黄，美丽，年轻
就在我变老时。她拖着三重下巴，老了，她迷人的
微笑被网进皱纹里，而我感到狂热
短暂地返回，当我们坐在那里，跛着腿，憎恶
流逝的时间和常规客套话的谎言。
小小的波浪仍然拍打着那小小的石砌码头
半个世纪前，一位船夫把我留在
码头黄昏橙色的安静里，可能因勃起
更兴奋，她像一头害羞的小鹿，我暗中追随
一次不可能的圆满；那些认识我们的人
知道我们决不会在一起，至少不会散步。
此刻，对讲机里那些沉默的刀子把我们穿透。

---

① 题目（*Sixty Years After*）为原诗所有。

二八　忆双城

海鸥像旗帜一样栖息在木桩上
而羽状波纹整齐的行列经过它们的军团；
在宜人的光里，罗德尼湾①的
新月形海岸，记忆重访两地：
一地，液体的威尼斯，还有固体的斯德哥尔摩
那靛蓝色的沉重。在这两地都有一个小天使
对着机械地从狮子头涌出的喷泉微笑，它们的水池闪光
随颤动的水闪光，反复探询；
一地是辅音的，坚硬，
另一地是元音的。我对它们都献出忠诚
和感激，因为光的网会舞动
在房间的墙壁上，电线上，柱子上，舞动在
摇晃的凤尾船的货物上，大厦和小教堂的
不知名圆顶上，圣玛丽亚塞路提教堂上
还有，在夏日阳光下，交通如斯德哥尔摩的
白色渡船上，它们耀眼地，驶向岛屿。
在这样的日子，所有事物都闪耀着同样的美。

---

① 罗德尼湾（Rodney Bay），圣卢西亚地名。

二九　她柔软的话语

这是她嗓音里的“老欧洲”。陈词滥调
像一群八哥从湿漉漉的鹅卵石上振翅飞起，
岁月如奥得河上的快艇偏离航线，菩提树的
眼睛颤抖着关闭，钟声赞美
有围栏的公园，在那里老兵弯腰驼背地坐在长凳上
寡妇“嘘”的一声赶走迈着正步的鸽子。
在绿色运河里鸭群掌舵；它的臭味
古怪地使人舒适，这苔藓的甜美的臭气；两只天鹅
排练着某部歌剧。在她的嗓音里沉默的自行车
沿着道路滑行，“我们在比利时有
大森林”，而无叶枝条的风景
仍然都在贝尔山[①]。她柔软的话语
漂过闪光的萨斯奎哈纳河；我
叫不出名字的城镇点缀着她的知觉，
从白桦林中瞥见的一个有塔尖
和赤褐色名词的欧洲。她变得越美
就记得越多：她穿着医生白大褂的

① 贝尔山（Bear Mountain）与下文中的萨斯奎哈纳河（Susquehanna）均位于美国。

立正的丈夫被从斯大林格勒和
里加的罪恶中解救出来，战争不值一提。

三〇　在卡森巴斯[1]

要是我整天待在卡森巴斯就好了，
穿过不协调的仙人掌，它长在北方
旱季深如峡谷的车辙里
随着溶解在泡沫中的雷鸣般的白马，
穿过用白棉花模仿它们的灌木丛
面对从明亮的大西洋吹来的浓郁的芥蓝
味，当车辙变得平缓，你突然看到
一幅融入纯净描绘的景观，
一个海湾，它的弧线暗示一个无限的
非洲。信风不倦地用回纹装饰
海水，拍岸浪长长的，涌浪
卷着发臭的海草，一种几乎腐烂
但很快就可忍受的气味。光把它的网猛掷
在白浪头上，海鸥因某种寻常
却不能替代的丧失而悲伤，
此时一只高高的、倨傲的军舰鸟，一把剪刀[2]，

---

① 卡森巴斯（Cas-en-Bas），位于圣卢西亚，适于马上冲浪。
② “剪刀”原词为法语“ciseau”。

在云中滑翔随后消失了，连同被遗忘的
快帆船、私掠船，和其他快速军舰
连同天空的变换的帆和如此深沉以致
已失去对我们的仇恨的零星记忆的大海。

三一　在湿地[①]

此刻我的水土是湿地，泛着灰色的
银白水面隐现在芦苇间
或随着一曲挽歌流动，它可以适当地抑制
为了追求名誉而做的努力、嫉妒和
高尚行为的损耗；我的狂乱安静下来，
就像一叶船体被撞破的轻舟。
像深蓝灰色的苍鹭，我飞向荒芜之地，
飞向苔藓美化的肋骨分明的失事船体，
在那里白鹭伸展双翅以免因摇晃而坠落
船头，螃蟹在那里搜寻鲈鱼，
我用尽了所有精力，探索一种
更丰富的生活，而不是三心二意的寻求。
我想起一个特殊的地方
那是亨特的海湾：远离公路
一只青蛙冲着星星和车流伸出它的
舌头；想起湿地，在照亮黄昏的

---

① 或指圣卢西亚湿地公园，1999 年该公园被联合国教科文组织列为世界自然遗产。

湿地之光里，在蟾蜍的叫声中
在芦苇间在萤光点点的夜晚
一座天堂在如镜的水中不可思议地摇动。

三二　在悬崖上

此刻在海角是幸福的，因为最简单的快乐——
因为一行白鹭发出最后的呼唤，
因为大海的朗诵重新进入我的脑海
疑问已消除，解除了最近缠住我的
那恶魔般的声音；听不清楚，
它耳语如同魔鬼说给疯子
向他被抓住的血淋淋的手咕哝着
如同大海在贝壳的耳朵里旋转，像喧闹的
掌声响起在演员面前，随着对瘫痪的
恐惧的程度不断增强的怀疑
他的全盛期成为过去。如果这是真的
我的才华已经枯竭，所剩无几，
如果这个人是对的，那么没有别的事可做
除了放弃如同女人的诗歌，因为你爱她
不愿看到她被伤害，尤其是被我伤害；
就这样走向悬崖的边缘并在它上面屹立，
妒忌，怨恨，龌龊，连同牛肉桶[①]上

① 牛肉桶，参见《金合欢树》第3首注。

军舰鸟的优雅，它的岩石；
感激你在这个地方写得好，
让这些破碎的诗篇像一群白鹭
在最后一声长长的叹息里从你身边起飞。

三三　在阿姆斯特丹[①]

1

游船在褐色的运河上持续滑行
像祈祷一样安静，树叶充满平静，
简洁的房子门脸，重复而乏味
像酒店的小册子，像祭坛画一样寂静。
我和鲁弗斯·柯林斯曾游览此地，一只白色的金刚鹦鹉
站在他的人造肩上。鲁弗斯已不在人世。
运河散布倒影，河心如此宁静。
我静静地沉思我还能活多久。
我想让 2009 年随光线变换角度
就像荷兰腹地或维米尔[②]画的小巷，
接受我的敌人的乖戾的怨恨，
在可能是我的最后一年里画好画写好诗。

---

① 题目（*In Amsterdam*）为原诗所有。
② 维米尔（Vermeer，1632—1675），荷兰绘画大师，善用光影的色彩细微变化作画，堪比照相机。

2

想到不多的遗产难免可笑，
然而我的母亲——她的姓是马林或范·德·蒙特——
以声称祖先是荷兰人而自豪。
此刻在阿姆斯特丹，她的声称开始趋于上风。
合理的，不合理的，我想重画
佛兰德人这些红润的脸庞，即使它已被
弗兰斯·海尔斯、鲁本斯、伦勃朗[1]画过，
勒妮清澈的灰眼睛，投向这边的树荫，
从早餐窗口闪光的栗子，
为什么我不应称道它们热情得
像一个过早的寡妇阿利克斯·马林的骄傲，
像刚果的一条小溪，如果她的快乐就是这样?
我感到这里某种东西在终结某种东西已开始
明亮的密叶，用荷兰语低吟的水，
阳光下骑着自行车经过的少女们。

① 弗兰斯·海尔斯（Frans Hals，1582—1666），荷兰画家。鲁本斯（Rubens，1577—1640），生于德国，佛兰德巴洛克画家。伦勃朗（Rembrandt，1606—1669），荷兰大画家。下文中的阿利克斯·马林（Alix Marlin），应是德里克·沃尔科特的母亲，参见《德里克·沃尔科特年表》。

三四　在荷兰

凡·高一幅画中行列不齐的柳树，
带状的农家庭院，桥梁，运河，飞舞的白嘴鸦，
一位脚穿木屐、手推独轮车的男子，码头里的驳船；
咖啡茶几上的画册里我半个祖先的国度；
和一次印象模糊的游览，风车和堤坝，
骨立的，刻着一种突然变黄的
鲜明的北方苦难和疯狂。我翻动书页
寻找某些传统的激活，以及我在正午的火炉中
绘画的那些日子。所有这些都是多年
前的事了，在我变得更熟悉
爱和爱所钟情的痛苦，以及
田野里喧闹刺耳的鸦叫声的恐怖之前。

三五　才华舍弃我

所有这些发生了，当我转身时，
那不连贯的蓄意的快乐，那脱离某本新书
第一页的混乱气息，我已经开始
闻到画作正在腐烂的味道，那粗俗的
被误认为是智慧的热情，仍然难以置信
我的才华舍弃我就像一个女人使我太老，
我以为它是对抗装甲车的紫罗兰，
我以为它是一匹母马的湿皮革味，
我以为它是我的嗓音，我杯状外壳的耳朵，
所有这些发生了，当我的头转离
书页仅仅一瞬。我听不到他的——
才华或它所爱的事物已经死了，
不只是夜莺之音，还有平地上鸽子的咕咕声。

三六　年近八十

切断，那条从徽章松开的线，
那因绝望的傲慢而跳动的红色视野，
令人厌烦的奥秘、谜语，你已使它们
远离生活的痛苦，远离你的工作，因为
蓝色空气快乐地坚持环绕你天真的
叙事画，环绕你关于崇高比例的落伍、
过时的说教；透过筛子的沙子。
它们强迫你的赞美，决不再批评
天真或抽象的艺术，只是一条谋生之路；
面对登内里[①]高高的赭色悬崖，白色的
不断涌来的拍岸浪花，海风，真实。
再次体认一个因欢乐而颤抖的黎明，
芋叶上的银白水珠；体认在维吉时小小清晨的
露珠，那时你还是个孩子，
一条船，一根颤动的树枝，一个昏昏欲睡的侍祭
携带着黑鹂，它并不在抽象博物馆开幕的
大帆船的几何图形里。珍惜年近八十

① 登内里（Dennery）与下文的维吉（Vigie）均为圣卢西亚地名。

那不可解释的光，让你的无知随时尚的
消退而增长，而城市决定何谓正确。

三七　在他们都死去之前

快，快，在他们都死去之前，亚瑟·雅各布斯[①]的
坚硬的黑檀木脑袋，秃顶，使他的漏齿笑
更有力的残缺的牙，一个没有钱的男人
尽管他风度翩翩，轻如一片叶
如精美的舞蹈，煤黑色并且就像煤
充满激动人心的火焰，一颗随记忆褪色的钻石；
天哪，他包含的美，一种灵魂的美，
不止于此，智慧，灵性，他不得不忍受的
那令人屈辱的冷漠；有些佼佼者已经
去世，威尔伯特·霍尔德，克劳德·里德，[②] 尔敏·赖特
长期逆风，他们保持稳定的
奉献的热情，他们不得不做正确的事
拥护他们的职业反对他们最圆滑的诽谤者
像那些声称他们不会是黑人和演员的人，

---

① 亚瑟·雅各布斯（Arthur Jacobs，1922—1996），英国音乐评论家，歌剧剧本作者，翻译家，曾在美国任教。

② 威尔伯特·霍尔德（Wilbert Holder），演员，生于圭亚那，去世于 1987 年，参演沃尔科特的剧作约 20 年，自称“沃尔科特的演员”；克劳德·里德（Claude Reid），演员，制片人。

我指的是卑微的心灵，他们在激情与
牺牲中发现一种矛盾，而我
珍惜他们胜过被评价过高的小说。
在他们都死去之前，我必须清扫我头脑的房间，
我必须给圣陵腾出地方，趁着萤火虫和星光。

三八　在心灵的海岸上

在心灵的海岸上，海草聚集
在缠结的花冠、守寡的花环中间；大西洋
在卡森巴斯的骚动，深叹着，举起货物
清澈的浪涛像落满叶子和粗茎的
百合花池，缺口对着
不断翻涌的白浪头，它们泛着泡沫的波峰
是非洲的骑手；吸引你的白色海岸
深于海潮；如果灵魂一直安宁，
它的下一个海滩将是达喀尔。马群在小树林里嘶鸣
伴着骑马的游客，一个是你外孙女；
那些海草区延伸远至几内亚。
海鸥像帆船一样拍打着穿越分裂的水面
骨头和外壳格格响。多少重量，
多少时间由这个骑马的孩子负担，这些托举着的
花环多么无知，似乎这个形象可以为诸世纪
赎罪：这马，这闪光的少女，这寸草不生的沙滩！

三九　“奥古斯特”这个词[1]

为了“奥古斯特”这个词的爆裂声和嘶嘶声，
像海滩上一堆低低的篝火，为了周三
下班后白色桅杆在船坞里的
蜿蜒行进，我会返回并忘却对这个岛的
琐碎抱怨，它所缺的事物，它多么没有
城市的确定性：为了一个步行返回这个
村子的渔夫，带着他的铁板钓竿和许多
像彩虹一样闪光、并向你展示的鱼，
为了像火柴一样突然熄灭的灰烬
当那一天和它带来的一切都已完结，
为了桥墩上的灯也为了第一颗星
为了他我对这个岛的爱从未减少
而会稳定地燃烧当我消失时，无论你在哪里，
还为了鸽子岛的狮子的剪影，
和你那摆出狮身人面像姿势的
猫，为了你缺席的漫长、空寂的
沙地，为了“奥古斯特”这个词，像一只悲啼的鸽子。

---

① 奥古斯特，即“August”，也是诗人一个朋友的名字，参见本诗集第六首。

四〇　抛锚的油轮

一个微暗的日子在变亮，云朵像灰色的绒布，
但是，不同于平常的、临时的航行，
一艘灰壳的油轮抛锚在中流，
朦胧是因为距离和一场阳光照耀的毛毛雨。
他们总是不停地向北方航行，要不然他们似乎
在等待，直到我默默地发射一颗照明弹
表明我终生的痛苦，波浪挥舞手臂
对着那种天堂般的幸运，被困在这里，
在疾走的螃蟹和看起来像冻结的爆炸的
棕榈叶的有棱纹的残骸之间，每个
幽灵般的抛锚油轮是年轻人飞翔的
梦，漂泊在世界所有的港口
在那里他曾把自己的名字涂在海滩上，
他隐藏在破旧的海港里，长着海胆状的
白胡须，开裂如皮革的皮肤：
当桅杆折断，闪电被猛然掷下
他将会在最坏的天气里看见这个世界，
安静如那艘油轮在中流吃草。

四一　纪念，约翰·赫恩[1]

无论什么教区，中心都是钴绿，
面包果树宽阔、敞开的手掌，装饰着
整个树篱的珊瑚藤，圣·伊丽莎白，特里洛尼，
听起来像持续的泉水倒出一升
冰镇的白葡萄酒，天然红土的斜坡，
此刻我把他看成他自身的幻影，走
在一条冷清的山路上，戴着白色的巴拿马草帽
留着军人的、竖立的小胡子，黄褐色的
皮肤，冲着他自己的俏皮话、朋友或灌肠剂狂笑；
他孤身一人走在自己的路上，当汽车转弯
他消失了，消失却没有回过头来
承认我们翠绿色的友谊，我指的是约翰·赫恩，
他的散文从一棵高高的雪松发出沙沙声。他听见
他的句子像树枝沙沙响，泉水
把恒常的喧响隐藏在山蕨下面
笔直行走如一种行使命令的天赋，

---

① 以献词（In memoriam，John Hearne）为题。约翰·赫恩（1926—1994），牙买加小说家。

赞美一匹马如何穿过草地，无人乘骑，
但有目的，停下来嘶鸣打响鼻，
汗水在身上闪光，深深陷入回忆之思。

四二　这篇散文

——献给洛娜·古迪森[1]

这篇散文有被赶上山路的骡子的步法，
一处长满野草莓的斜坡；是的，草莓长在那里，
松树也繁茂；本地的树来自国外，
咖啡林闪耀在清新的蓝色气流里
扇动着高山的大腿。有害的生姜
在拐角处惊跳，压碎的酸橙
在拇指和第三根手指留下记忆；
每一页都有少女时代的清新，
在一条瘦瘦的小溪旁，当一只白鹭的
白色尖叫声随着同样的节拍扑扇翅膀，像乌鸦
在它们宽阔的梦里围着隐匿的腐肉盘旋；
逗号像荆棘一样抽芽，挨着这篇弧形的散文
向下进入一个名叫哈维河、
篱笆属于新教徒的村子。一场长老会的
纤细毛毛雨用灼热的锌质屋顶上的

---

① 洛娜·古迪森（Lorna Goodison，1947—　），牙买加女诗人，现执教于密歇根大学。

木尖顶祝福每支笔。在本地形容词被适度唤起；
这篇侧座鞍散文在通向女装裁缝的路上
经过回纹装饰的小阳台，正晾晒的衣服
在院子里芳香如礼拜一；这篇散文
有一种斜雨骤降的仓促味道，它
从牙买加薄雾笼罩的小山落在烤焦的沥青上。

四三　四十英亩

——致巴拉克·奥巴马[①]

从混乱中出现一个象征，一幅版画——
一位拂晓时头戴草帽、身穿工装裤的青年黑人，
不可能的预言的一个象征：群众
像一头骡子耕耘的犁沟那样分开，
为他们的总统分开；一块雪花般的棉花地
四十英亩宽，地里乌鸦叫嚣着可预知的前兆
这个年轻的耕夫毫不理睬，因为他不会忘记
长着棉花头发的祖先，而排列在一根树枝上的是一个
由戴眼镜的猫头鹰组成的紧张法庭，在土地变得模糊的边缘
是一个向他愤怒地做手势的稻草人
这种细小的耕作延续在这张横格纸上
越过这片悲叹的土地、处私刑的树、龙卷风的黑色报复，
这个年轻的耕夫感到他静脉、心脏、肌肉、筋腱里的变化，
直到这片土地像一面旗帜展开平铺，当黎明真实的
光线使土地布满条纹，一道道犁沟等待着这位播种者。

---

① 题目（*Forty Acres*）为原诗所有。巴拉克·奥巴马（Barack Obama，1961—　），2008 年当选为美国第 44 任总统，成为美国历史上第一任非裔总统。

四四　奥巴马与理发师

“因此这个世界等待着奥巴马。”我的理发师说；
乡村街道的旧栅栏和溢出
生锈的锌质栅栏上的花朵都获得
一种可见的叹息似的光泽，在室内，
在一间小理发店里，一张选举海报
挤入另一种图案，所有不同的发型
适用于他的青年黑人顾客，人人花费
相同无论你是谁——美国总统——
头光滑得像保龄球，我的理发师笑着说：
“奥巴马，是穆斯林还是非洲黑人的名字?”
温和与轻柔伴随着他飞快的剪刀，
“我祝他好运。”而好运静候在每条
落满山墙阴影、通往海滩的街道上。
波罗热爱政治：一度在玻璃上贴满照片
马尔科姆，金，加维，弗雷德里克·道格拉斯
在销售面包果的窗口里皱着眉头，还有
尖叫的小狗，长筒袜，亚拉巴马的教堂。
波罗是个青年，黑人，秃顶被他的棒球帽遮着
但不只是一个熟练、巧妙的理发师，

当我离开他的宝座，抖掉腿上的碎头发，
我感到变了，像一个被遵守的竞选承诺。

四五　在修道院

在汽车坚韧的密封中穿过甘蔗园
在飞速平移的星星下承受甜蜜的重负，
我回忆失败的至福，它如何屈服
没有秘密，没有教训或责备，而它的折磨持续着，
你施洗的每个角落此刻如何隐藏危机。
在一座小山上，圣本尼迪克特山[①]灯火盈窗的修道院
像轮船在夜里航行，当一弯镰刀般的月亮
从俯首、密谋的甘蔗中升起并照亮一个修道者
他蜷伏在他胎儿似的单人小室里就像我蜷伏在我的诗里。
你奔向那会安慰你的哭喊和拥抱，
而修道士拒绝那会发生冲突的爱。
你记得那些支持你的人和那些坚决反对你的人
曾强壮于木石，你产生了一种幻象；
伦敦的灯，它的酒吧，剧院，大教堂，
随着玻璃杯向下滚动就像甘蔗林中的
夜风，那种危险的欢乐随一颗星坠落，

① 圣本尼迪克特山（Mount Saint Benedict），是一个本尼迪克特式的修道院，位于特立尼达北部，建于1912年10月。

如今更不重要了；你丢弃的
是圣保罗的上空那缄默的怜悯，
此时从那条三叶草式的公路上升起
可爱的城市，它把你当成它的孩子带回家。

四六　空虚

这里就是那家伙所说的“空虚”之地——
那蓝绿色山脊陡然下降的斜坡，非洲
郁金香的花朵，像下垂的高脚酒杯，冒烟的
激流的喧响——名副其实，当雨降落
到这个高地或大片狂风穿过大海的
牧场——“空虚”，这个词适用
于我们可怜而浮华的城市，他们回纹装饰的阳台，
他们轰鸣着瑞格舞曲①的零售商店，穿制服的
学童眼里的印度或空虚。这个意象
来自康拉德②，军舰漫无目的地朝巨大
而空虚的丛林开火；我们生命的
所有努力被一个邪恶天才提供的
令人厌倦的目录诅咒为虚无，它将它自身
与一切附着物切开，一种痛苦
它的毒药因其毒性而被赞美。这首诗
是这空虚的一部分，就像是圣克鲁斯山谷的一部分，
他一声真正的祝福就是一声真正的诅咒。

---

① 瑞格舞，西印度群岛的一种舞蹈。
② 康拉德（Conrad，1857—1924），波兰裔英国作家。

四七　喜歌：雨季[1]

——献给斯特法诺斯和希瑟

随着第一阵雨滴来临，灼热的水泥溅上斑点，
图案在池塘里萌生，地平线
宽广而清爽如雨水笼罩的《农事诗》[2]，
鸽子突然向上飞翔，苍鹭
加快了迟钝的步幅；看一只帆船
将她的脸隐藏在薄雾里，被遮蔽的太阳皱缩
进聚集的积云，那些巨大的云朵
拖曳着雨的薄纱裙，当闪电如照相机的
闪光灯拍下咔嚓响的雷声
毛毛雨的执矛战士开始行军。
　　　　　　　　　　　但没有什么能比得上
另一种存在的汹涌，这对被隔开的恋人
接受雨的统治，他们的天气是芳香的黑暗
来自客厅，厨房里，闪电的餐具。但是哦

---

① 题目（*Epithalamium*：*The Rainy Season*）为原诗所有。该诗是诗人为其朋友斯特法诺斯（Stephanos）和希瑟（Heather）写的祝婚诗。

② 《农事诗》(*Georgics*)，古罗马大诗人维吉尔的作品。

当疯狂的暴风雨震响天空的天花板
她的身体靠得更近，像一条船驶
向你，她的港口，她的通道，她轻轻地摇晃，
她的肋骨轻触你的肋骨，哦，在你的婚礼日
祝愿卷云这焦虑的旗帜随着暴风雨的转移而消失。

四八　友谊诗篇

神圣的一切——如杜奥莫大教堂①的钟乳石，
大教堂中幽灵似的南极区——扩散陈词滥调
通过长廊上的一份冰淇淋，一位
大风发型的美人为其推动但丁的诗篇
敞开如一扇玻璃门，比阿特丽斯②的美，这里
也有传说像在佛罗伦萨一样。在清澈的夏日
米兰是地中海式的：你期待煨在消防栓上的
一只蝴蝶，环绕交通岛的浅滩，
和穿越林荫路终点的一只白色帆船。
在第二次生命里我结交了这么多朋友！
笑声与柠檬汽水在青年诗人中
驶入彼此的怀抱像船进入港口
在布鲁内莱斯基大酒店，我让他们再次坐下来——
马泰奥长着印第安人的头，像高更的那个罐子③，

---

① 杜奥莫大教堂（Duomo），位于米兰的中心，始建于1386年，建筑师朱塞佩·曼戈尼的杰作。长廊的主要入口面向杜奥莫大教堂，另一个通往拉斯卡拉歌剧院。后两行中的“长廊”（La Galleria）即此。

② 比阿特丽斯（Beatrice），但丁《神曲》中的人物。

③ 高更（Gauguin，1848—1903），法国后印象派画家，他塑有一个黑色的自画像式的罐子。

路易吉像肥胖的中产阶级市民，离不开他塞得满满的
公文包，长笛一样瘦的保拉、克里斯蒂娜、帕特里夏、
万尼，此刻带着他们自己的书；但是如果我的缪斯长成
一种模样，别让这伤害她——那就是
暴风发型，丰满嘴唇，长着斧刃般的脸颊：罗伯塔。

四九　他们

1

我猜是的，它们应该被包括在内，
你的作品引向了如此不真实的境地，
这些布鲁塞尔的落日，格兰德大酒店
闪光的窗户和鸡尾酒会上钢琴的
柔软询问，“你知道你做了什么吗?”
冲着在黄昏中说笑的人群。你获得更多碎片
试图破解谈话、海报、菜单；
但为什么，你看到的一度不是公共汽车，而是
一块落满不停叫唤的海鸥的岩石或你的岛屿的天空
当它渐渐被金黄的酒光充满，像你的酒杯?

2

不要在友谊的附近闲逛。
他们中最好的也会失望，会悄悄
把门关上，不要吃惊于你被拒绝。
没有什么比他们的事业重要；
名人可能就像蛆，最杰出的那些
变成甲壳虫；甲壳虫令你吃惊吗？
记住灌木丛中翠绿色的蜂鸟
那令人激动的黎明，它们像初恋的
纯洁，它们像无辜的暴行
像她的眉毛，潮湿地搭着几缕头发，
在她黄褐色眼里的整个下午。
接着，在她之后，一次次可原谅的背叛。

五〇　巴塞罗那[1]

——致罗伯特·安东尼

这个早晨，外面的喧闹声像火箭
跨越屋顶，随后，在黑色的
铁栏杆阳台下面，一支铜管乐队，在行进，
引爆某种圣徒联盟或工会，
用公民的雷吼保卫加泰罗尼亚。
你俯身向挥舞旗帜和彩带的他们微笑；
但在巴塞罗那你所做的一切是咳嗽，
像那些长着令人悲伤的胡须的老兵中的一员
从内战中剩存下来。这是不够的
对于一个如此伟大的城市，但你一点点消耗时日，
每咳嗽一次，你个人的雷声
就会转动有同情心的头颅。我等待的
是成为每条街道上一面旗帜的那个名字，
天鹅绒上的耶稣受难像，蜡烛和紫色的薄饼，
等待露天广场里的群众跳起双脚
在斗牛士的斗篷停止挥舞和颤动时。

---

① 题目（*Barcelona*）为原诗所有。巴塞罗那为加泰罗尼亚（Catalonia）首府。

我不能加入这种游行；我走不快。
那是时间的律令。呼哧呼哧的肺，飞奔的
眼睛。此刻巴塞罗那是过去的一部分。

五一　没有还有

没有歌剧，没有镀金的圆柱，没有深酒红色的座席，
没有珀涅罗珀[1]用精美的望远镜搜索前排观众席，
没有不倦的男高音引发老套的狂喜，在没有幕间
休息时，没有糖果与葡萄酒，没有女低音，没有贝斯
和小提琴在呜咽中合一；没有歌剧院，
没有博物馆，没有真实的电影院，没有城市中心
——还有别的什么？只有镶嵌着圆盘的
云朵的巨门，通过它我们离开又进入，
只有震耳欲聋的公园充满跳跃的人群，
和嘟嘟直响的喇叭。只有下面
码头旁的政府建筑，以及另一艘游船
大如首都，全用蓝色玻璃和水泥制成。
巨构中没有杰作值得崇拜。
在这些平庸中生活显然已被
虚度，然而还有这样的日子
当每个街角将它自身转换成
一个阳光照耀的惊奇、一幅画或一个警句，

---

① 珀涅罗珀（Penelope），奥德修斯忠贞的妻子。见《奥德赛》。

停靠在集市旁的独木舟，港口的蔚蓝，
营房。仍有这么多值得写，都值得赞美。

五二　哀歌

——献给艾梅·瑟赛阿[①]

先生[②]，在马提尼克岛，我给你寄了
未封口的信：一张帆，一封信
越过耀眼的白浪花的波浪线，
装着镶满花边的白色长袍和公理会的页岩。
我并未寄任何信笺，虽然它飘荡在风中，
你的岛屿总是隐藏在我心灵的烟雾里
伴随那些吹散的海鸟
在哗哗的克利奥尔语元音里，先生站在诗人中，
暗礁吟诵他，当铜色的海杏树闪着光，

灯塔照向遥远的达喀尔，和海豚的水域。

① 题目（*Elegy*）为原诗所有。艾梅·瑟赛阿（Aimé Césaire，1913—2008），生于拉丁美洲的马提尼克岛，诗人，剧作家，政治家。

② 先生，原词为法语“maître”，对著名作家的尊称，试译为“先生”。第八行再次出现。

五三　码头之夜

黄昏时分，白色游艇的船身穿越小船坞的
橙色水面，而在它们的船首斜桅下面，锁链
在被污染的大海里低声轻笑；尽力达到那里
在一道绿光从桅杆闪烁之前，前甲板
强光闪耀，当黄昏和船的桅顶横桁、
绳索以及丁香般的铅色天空悬浮在一起，
和它被阳光触摸的泡沫云的陶质啤酒杯悬浮在一起，
当星星显现目睹夜晚消亡。
在这个橙色的时刻，光读起来像但丁，
三行一节，它们对称的张力，
从《天堂篇》[①] 漾出的安静节拍
像一条无篷小船用它的桨划出
韵律稀疏的诗行，我们，如此
着迷，几乎不能说话。此刻
比任何人都幸福的是那个饮酒的人
他和他终生的伴侣坐在眨眼的星星
和码头的尽头那盏稳定的弧光灯下面。

---

① 《天堂篇》(*Paradiso*)，意大利语，但丁《神曲》中的一篇。《神曲》以三行一节的形式写成。

五四　终结之诗

这一页是一片云，在它磨损的边缘之间
一座海岬伴着山脉断断续续地呈现
随后再次消失，直到从此刻
无云的蓝天浮现出槽形的大海
和整个自我命名的岛屿，它赭色的边缘，
它阴影深陷的山谷和一条盘旋的公路
线一样串起一个个渔村，拍岸浪花
洁白、安静的奔涌，一行海鸥从岸边箭一般地
飞入城市宽阔的港口，无声无息，
它的街道变得越来越近，像你现在能认出的印刷字体，
两艘游船，纵帆船，一只拖船，原始的独木舟，
当一片云渐渐覆盖这一页，它再次
变白，这本书终于结束。

德里克·沃尔科特年表

1930年1月23日，德里克·沃尔科特和他的双胞胎兄弟罗德里克出生于圣卢西亚首都卡斯特里。有一个比他们大两岁的姐姐帕梅拉。

1931年，沃尔科特的父亲、水彩画家、诗人沃里克·沃尔科特去世。

1941—1947年，沃尔科特就读于卡斯特里的圣玛丽大学。

1944年，诗歌《1944》发表于《圣卢西亚之声》。

1947—1950年，圣玛丽大学助教。

1948年，沃尔科特的第一本书《诗25首》出版。

1949年，《一个青年的墓志铭》出版。

1950年，和莫里斯·梅森创建圣卢西亚艺术协会。《亨利·克里斯托夫》首次公演于卡斯特里，获得殖民地发展与繁荣奖学金，进入西印度大学的牙买加莫纳校区，攻读英语、法语和拉丁语文学学士学位。

1951年，《诗歌》出版。

1953年，获文学学士学位（伦敦—西印度大学）。

1953—1954年，在西印度大学攻读教育学学位。

1954年，第一次婚姻，和费伊·莫里斯顿，有一个儿子彼得。《多芬海域》在西班牙港首次公演。

1954—1957年，在格林纳达男校二中、圣玛丽大学、牙买加大学任助教。

1957—1958 年，牙买加《民意》专栏作家。

1958 年，《鼓声与肤色》《提－让和他的兄弟们》在西班牙港首次公演。前者为庆祝西印度联邦成立而作。

1959 年，创建加勒比地下小剧院（后来的特立尼达戏剧工作室）。

1960 年，第二次婚姻，和玛格丽特·梅拉德，有两个女儿伊丽莎白和安娜。

1960—1962 年，《特立尼达卫报》专栏作家。

1963—1968 年，戏剧评论家，后为《特立尼达卫报》自由作家。

1964 年，《诗选》出版。

1965 年，《海难余生》出版。

1966 年，在西班牙港的布雷顿大酒店创建地下剧院。《海难余生》荣获皇家学会文学奖。

1967 年，《猴山上的梦》在多伦多首次公演。

1969 年，《海湾》出版。获金蜂鸟勋章。

1970 年，《猴山上的梦及其他戏剧》出版。《海湾》获得乔姆利诗歌奖。

1971 年，《猴山上的梦》获得非百老汇戏剧界最杰出戏剧奖：奥比奖。

1973 年，获西印度大学荣誉文学博士。《另一个一生》出版。

1974 年，《另一个一生》获乔克·坎贝尔新政治家奖。《塞维利亚的小丑》在西班牙港公演。

1976 年，辞去特立尼达戏剧工作室导演之职。出版《海葡萄》，《哦，巴比伦！》在西班牙港公演，《回忆》在圣克鲁瓦公演。

1978 年，出版《塞维利亚的小丑》和《哦，巴比伦!》。《哑剧》在西班牙港公演。

1979 年，成为美国文艺学会荣誉会员。出版《星苹果王国》。

1980 年，出版《回忆》和《哑剧》。

1981 年，获麦克阿瑟基金会奖。出版《幸运的旅行者》。《牛肉，不要鸡肉》在西班牙港公演。

1982 年，应邀到波士顿大学做英语客座教授，讲授创造性写作。第三次婚姻，和诺兰·梅蒂维埃。

1983 年，《最后的狂欢节》在西雅图公演。《蓝色尼罗河的一条支流》在布里奇顿公演。

1984 年，《仲夏》出版。《海地大地》在卡斯特里公演，纪念奴隶制废除 150 周年。

1986 年，牙买加学会授予沃尔科特马斯格雷夫金质奖章。《三部戏剧》出版，《诗集》出版。

1987 年，《阿肯瑟契约》出版。

1989 年，获得伊丽莎白二世颁发的女王诗歌金奖。《鬼魂之舞》在奥尼昂塔公演。

1990 年，母亲阿利克斯·沃尔科特在卡斯特里去世，享年 95 岁。《奥麦罗斯》出版。

1991 年，获加勒比共同体奖章，《奥麦罗斯》获史密斯文学奖。

1992 年，获诺贝尔文学奖。《奥德赛：一部舞台剧》在埃文河上的斯特拉文福德公演。

1993 年，《奥德赛：一部舞台剧》出版。诺贝尔演讲《安第列斯：史诗记忆的片段》出版。《漫步者》（作为一部歌剧）在波士顿公演。卡斯特里的哥伦布广场改名为德里克·沃尔科特广场。

1996年，好友约瑟夫·布罗茨基在纽约去世。

1997年，《福赐》出版。

1998年，获得沃里克大学荣誉文学博士。

2000年，兄弟罗德里克（导演、剧作家）在多伦多去世。《提埃波罗的猎犬》出版。

2001年，奚密译《海的圣像学：德瑞克·沃克特诗选》在台北出版。

2002年，《海地三部曲》出版，《漫步者》和《鬼魂之舞》出版。

2004年，《浪子》出版。傅浩译《德瑞克·沃尔科特诗选》由河北教育出版社出版。

2010年，《白鹭》出版。

2011年，《白鹭》获艾略特诗歌奖。

2017年3月17日，德里克·沃尔科特去世。

译后记　完美及其反面

《白鹭》是我译的第二部诗集，第一部是费尔南多·佩索阿诗文集《坐在你身边看云》。我把它们看成我译诗的两极：佩索阿的《牧羊人》是自由体诗，语言比较简单，而《白鹭》是格律体诗，语言极其复杂。翻译《牧羊人》我只用了一个月的时间，《白鹭》这部诗集却断断续续译了一年。可以说，这部被艾略特奖评委们认定的完美之作，经过我的翻译之后差不多成了完美的反面。无须隐瞒，这是一部勉力完成的译作。勉力完成，自然是因为它对我太难了，一方面是因为我翻译的对象是个大诗人，他习惯于在复杂的句式和镶嵌式组词（他常用连字符把两个词合成一个新词）中显示出精湛的技术与新奇的想象力；另一方面是因为难以穿透诗中丰厚而驳杂的文化背景，并因此影响到对部分诗歌语境的把握。凡此种种，造成了翻译的难度。可以说，这是一部用不完美的翻译对称于完美的原作的一次尝试。

在诺贝尔文学奖诗人中，德里克·沃尔科特绝对是一个大诗人。他的写作以地方性为主，但视野极其开阔。很多诗里都迸溅着浪花，那是他故乡的特色，也是他祖国的象征。他的诗以细腻的客观叙述为主，往往辅以内在的抒情，哲理的点化，使一个个具体场景获得心灵的气息和思想的深度，从而将具象与抽象融为一体。我想他的诗之所以如此具体入微，是和他的画家身份分不开的。在这个集子里，他没有写过一首讽刺诗，只有个别诗歌具有讽刺意味，体现了他对现实的否定倾向和自嘲精神。总体而言，他是生活的肯定者和赞美者。

《白鹭》是一部短诗集，每首诗最多 21 行，最少 10 行，篇幅短小但意象密集，为了促成这种密集效应，全书除第 52 首外均不分节。可以说，他写诗的基本单位是词语，而不是句子。诗中大写字母很少，从句极多，有时甚至一首诗就是一个句子，到处穿插着从句，密密麻麻，层层叠叠。令我吃惊的是，其中很多诗都严格押韵（押韵也是他诗中常用的一个比喻），所用多为交韵，诗行也基本整齐。我翻译时力求传达出每首诗的语气，并尽可能保留原诗的形体和节奏，在能够译通的情况下，一般不改变原诗的句序。

译完佩索阿的诗歌《牧羊人》，我一度不能确定该译什么作品。2011 年在北京开会期间，我用东东的借书证从北大图书馆复印了几本英文书，其中就有这部《白鹭》。译了几首布罗茨基和米沃什之后，我发现《白鹭》才是我最喜欢的诗歌，也是我最想写的诗歌。因此，我翻译这部诗集其实是为了让自己深入学习它的诗艺。从 2011 年 11 月到 2012 年 11 月，译出的部分诗稿贴在博客上，得到一些诗友的关注和好评。特别是王家新老师给予了充分的肯定和鼓励："译稿通读了一遍，深感你付出的心血，你知难而进，而且把它完成了！就翻译本身来看，译得也很不错，从整体而言，甚至可以说不可能比这译得更好了，如果说有不尽如人意之感，可能要归结到原作者那里（沃尔科特达到了他的完美，但在他自身中缺乏更深刻的断裂……），不过，一个近八十岁的人写出这样一部诗集，我们还能说什么呢。"

《白鹭》中的部分译作曾在《诗刊》《诗建设》及《凤凰》刊出。感谢王东东！让我得到《白鹭》的复印本；感谢诗友唐力、李以亮的期待，使我译完这部诗集；感谢韦白、明迪、麦芒、秦晓宇在联络版权时提供的信息；感谢王家新老师，在修改过程中，有幸听到他的翻译课，深受启发；感谢黄灿然先生，他有意校对此书译稿，因故只完成了一首半；感谢顾爱玲女士对部分疑难诗作的解释；感谢赵四、傅伊、付序、草树和范致行提出的修改建议；感谢刘巨文、胡一红与吴小龙在译稿交出版社后提出的许多建设性意见；尤其感谢胡一红女士的主动校稿！最后特别感谢编辑吴小龙，感谢他以完美为标准的编辑工作！翻译是受牵制的事业，不允许译者太自由，准确是最低限度的要求。我力图提供一个忠实的译本，但有些地方仍然存疑。不妥之处，请高明指正！我的邮箱：402184227@qq. com。

2015 年 1 月

修订小记

惊悉德里克·沃尔科特于 2017 年 3 月 17 日辞世，遂放下《欧洲故土》的翻译，再次返回《白鹭》中来。这次修订主要集中在精确和汉化两方面。同时删改了部分注释，尤其是地名。个别非英语外语请教了刘国鹏和宇舒，但有些问题仍不能确定，恳请高明指正。

2015 年 6 月 14 日，广西人民出版社在北京言几又书店举办了《白鹭》新书发布会，感谢王家新、蓝蓝、张桃洲的支持及书评！此书出版后，得到许多诗人朋友的好评。诗人赵卡在内蒙古大学举办了一次关于《白鹭》的讲座，盛赞《白鹭》让他重新发现了中文之美。这全赖德里克·沃尔科特的魅力，而我只不过传达了这位大诗人精湛诗艺的十分之一。

2017 年 3 月

WHITE EGRETS: Poems by Derek Walcott
Copyright © 2010 by Derek Walcott
Simplified Chinese translation copyright © 2015 by Guangxi People's Publishing House Co., Ltd.
Published by arrangement with Farrar, Straus and Giroux, LLC, New York
Through Bardon - Chinese Media Agency
博达著作权代理有限公司
ALL RIGHTS RESERVED

桂图登字：20-2014-073

图书在版编目（CIP）数据

白鹭 /（圣卢西亚）德里克·沃尔科特著；程一身译.—南宁：广西人民出版社，2015.6（2018.10 重印）
（大雅诗丛）
ISBN 978-7-219-09198-2

Ⅰ.①白… Ⅱ.①德… ②程… Ⅲ.①诗集—圣卢西亚—现代 Ⅳ.①I766.25

中国版本图书馆CIP数据核字（2014）第275958号

白　鹭
BAILU
［圣卢西亚］德里克·沃尔科特/著　程一身/译

出 版 人　温六零
责任编辑　吴小龙
书籍设计　刘　凛
责任校对　钟丽丽
印前制作　麦林书装

封面油画　《人间乐园》局部（希罗尼穆斯·博斯）

出版发行　广西人民出版社
社　　址　广西南宁市桂春路6号
邮　　编　530021
印　　刷　广西民族印刷包装集团有限公司
开　　本　889mm×1194mm　1/32
印　　张　4.75
字　　数　115千字
版　　次　2015年6月　第1版
印　　次　2018年10月　第2次印刷
书　　号　ISBN 978-7-219-09198-2
定　　价　45.80元

版权所有　翻印必究